Economic Thought

経済思想

―その歴史的視点から―

長峰 章

【編著】

著者紹介

髙橋	信勝	明治大学政治経済学部教授(第1章,第3章1・2)
＊長峰	章	明治大学政治経済学部教授(第2章,第3章3・4)
高橋	輝好	明治大学政治経済学部准教授(第4章)
奥山	誠	明治大学政治経済学部専任講師(第5章,年表)
髙橋	聡	明治大学政治経済学部兼任講師(第6章,第7章1)
飯田	泰之	明治大学政治経済学部准教授(第7章2・3・4)

(執筆順,＊は編者)

はじめに

　本書は，大学における「経済学史」「経済思想史」などの講義のテキストとして編纂されたものです。したがって，本書の構成もこれらの講義に必要不可欠な分野・項目から成っています。具体的には，重商主義に始まり，重農主義，古典学派，マルクス，歴史学派，限界革命，ケインズおよびその後に至るまでの経済思想が論述されています。

　本書の講読を通して，学生の皆さんには，経済思想および経済学の形成がどのようにして成されてきたか，そしてその後，経済思想および経済学の発展がいかにしてもたらされたかを理解していただけるものと思っています。そしてさらには，本書を通して経済思想の歴史的な系譜を読み取って頂ければと願っています。

　昨年春に本書の執筆を決意してからほどなく明治大学の同僚の先生方を中心に望ましい人選が叶い，ここに一年足らずで出版の運びとなりました。執筆の依頼に快く応じてくださった先生方に改めて御礼申し上げる次第です。

　本書の出版は，私の恩師である中村賢一郎先生も大変お世話になりました学文社の田中千津子社長から10年以上も前に依頼されていたものですが，ようやくにしてその約束を果たすことができました。遅くに失した感は否めないですが，諦めることなく温かく見守り続けてくださったことに深く感謝申し上げます。

　本書が皆様の期待に応えられることを願うばかりです。

2015年3月

編者　長峰　章

目　次

第1章　重商主義の経済思想 …………………………………………… *1*
1. 国富の流通論的考察　*1*
    (1) ヨーロッパの貿易圏の拡大　*1*
    (2) 貿易差額論　*3*
    (3) 重商主義評価の視角　*6*
2. 経済学の胎動　*8*
    (1) 労働への眼差し　*9*
    (2) 経済循環の発見と価格認識の端緒　*12*
    (3) 貿易をめぐる嫉妬の氷解　*15*

第2章　重農主義の経済思想 …………………………………………… *21*
1. ケネーの生涯と著作　*21*
2. ケネーの経済思想と時代背景　*23*
3. ケネーの「経済表」　*25*
4. 重農学派の形成とその影響　*30*

第3章　古典学派の経済思想 …………………………………………… *35*
1. アダム・スミス　*35*
    (1) 生涯と著作　*35*
    (2) 富裕の増進論　*37*
    (3) 政府のアジェンダとノンアジェンダ　*41*
2. トマス・ロバート・マルサス　*44*
    (1) 生涯と著作　*44*
    (2) 人口思想　*46*
    (3) 一般的過剰生産論と不生産的消費者　*52*
3. デヴィッド・リカードウ　*55*

(1) 生涯と著作　*55*
　　(2) 理論と思想　*57*
　　(3) 販路説と過少消費説　*59*
　4　ジョン・スチュアート・ミル　*61*
　　(1) 生涯と著作　*61*
　　(2) ミルの経済学　*63*
　　(3) ミルの思想　*66*

第4章　マルクスの経済思想　　*69*

　1　マルクスの生涯と著作——時代背景を織り交ぜて——　*69*
　　(1) 生誕からベルリン時代　*69*
　　(2) ケルンからパリへ　*70*
　　(3) ブリュッセル時代　*76*
　　(4) ロンドン時代　*79*
　　(5) 晩年のマルクス　*87*
　2　資本主義の歴史的把握　*89*
　3　物象化展開としての『資本論』　*93*

第5章　歴史学派の経済思想　　*101*

　1　歴史学派の時代背景　*101*
　2　旧歴史学派　*107*
　　(1) ロッシャー　*107*
　　(2) ヒルデブラント　*109*
　　(3) クニース　*111*
　3　新歴史学派　*113*
　　(1) シュモラー　*113*
　　(2) ブレンターノ　*117*
　4　最新歴史学派　*119*
　　(1) ゾンバルト　*119*
　　(2) ヴェーバー　*122*

(3)　シュンペーター　*125*

第6章　限界革命の経済思想 ……………………………………… *129*

　1　メンガー　*131*
　　　(1)　生涯と時代　*131*
　　　(2)　主観的価値論　*132*
　　　(3)　交換論　*133*
　　　(4)　メンガー理論の特質　*136*
　　　(5)　思想と政策　*136*
　2　ジェヴォンズ　*137*
　　　(1)　生涯と時代　*137*
　　　(2)　交換論　*139*
　　　(3)　交換の利益　*141*
　　　(4)　思想と政策　*142*
　3　ワルラス　*144*
　　　(1)　生　　涯　*144*
　　　(2)　時代と思想　*145*
　　　(3)　純粋経済学—交換論　*147*
　　　(4)　純粋経済学—生産論　*150*
　　　(5)　社会経済学　*150*
　　　(6)　応用経済学—労働市場政策　*152*
　　　(7)　応用経済学—アソシアシオン（協同組合）　*153*
　　　(8)　ワルラスのヴィジョン　*154*

第7章　ケインズおよびその後の経済思想 ……………………… *157*

　1　マーシャル　*157*
　　　(1)　生涯と時代　*157*
　　　(2)　思　　想　*158*
　　　(3)　企業家と収穫法則　*159*
　　　(4)　価格論　*161*

(5) 分配論　*162*
　　　(6) 人間と経済の進歩　*164*
　2　マクロ経済学の誕生とケインズ学派　*166*
　　　(1) 国民経済計算体系とマクロ経済学　*166*
　　　(2) セーの法則から有効需要の原理へ　*168*
　3　*IS-LM* モデルと新古典派総合　*171*
　　　(1) 財市場と貨幣市場の統合　*171*
　　　(2) *IS-LM* モデルにおける政策評価　*175*
　　　(3) *IS-LM* モデルへの批判　*177*
　4　マクロ経済論争と現代の経済学　*181*
　　　(1) 古典派の2つの公準とフィリップス曲線　*181*
　　　(2) フィリップス曲線論争とマネタリスト　*185*
　　　(3) ニューケインジアンと新・新古典派総合　*189*

年　　表　*195*
事項索引　*199*
人名索引　*203*

第1章

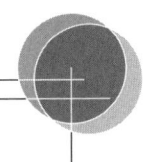

重商主義の経済思想

1　国富の流通論的考察

　経済学は法学や商学に比して若い学問である。1776年のアダム・スミスの『国富論』の刊行をもって経済学という学問の成立を語るならば，重商主義は重農主義と並んでその前史をなす。人びとが共同体の枠を超えて外部取引に従事するさまに着目する経済思想は，その起源と消長を見定めがたい。本章では，ヨーロッパ世界において15世紀後半から18世紀後半にかけて長い思想史的命脈を保った重商主義(小林，1955：9)，すなわち，一国経済の発展あるいは成長にとって「貨幣」と「貿易」を重視し，国富に流通論の視角から光を当てた経済思想を論じる。重商主義の理解に資する限りで，以下ではまず，歴史的予備知識を確認する。

(1) ヨーロッパの貿易圏の拡大

　スミスは『国富論』のなかで「ジェノヴァの一水先案内人」が西回りで東インドに到達する計画を立案したが，この「東インドと通商しようとする企図がたまたま西インドの最初の発見の端緒となった」と述べている(Smith, 1776：559, 564／Ⅱ，292, 300，引用文はかならずしも訳書に忠実ではない。以下同様)。またスミスによれば，ヴェネチア人はエジプト経由で香辛料をはじめとする東インドの産品を入手し，それをヨーロッパ諸国へ再輸出することで巨利を得ていたが，この莫大な利益は「ポルトガル人の貪欲心」を大いに刺激した(Smith, 1776：558／Ⅱ，291)。

　スミスが上記の言説のなかで触れているのは，地中海と中近東を経由する東

インド貿易のルートに代えて，新たなルートを模索しようとする試みである。「ジェノヴァの一水先案内人」であるクリストファー・コロンブスによる新大陸アメリカの発見(1492年)は，彼を支援したスペインが新大陸に進出する機縁を与える一方，ポルトガルによるアフリカ沿岸の探索はバルトロメウ・ディアスによる喜望峰への到達(1488年)などを経てヴァスコ・ダ・ガマによるカリカットへの到達(1498年)，すなわち，新たな東インド貿易ルートの発見へと帰結する。

　こうしてスペインとポルトガル両国により，ヨーロッパのアメリカとアジアとの貿易ルートが開かれた。このことは，単なるヨーロッパ貿易圏の拡大を意味するだけではなく，ヨーロッパを介したアメリカとアジアとの新たな経済的結びつきを生み出した点に留意する必要がある。従来，ヴェネチアがアジアから香辛料を輸入する際の対価として支払われた銀は，南ドイツで採掘されたものであった。しかし，新大陸でのスペインによる貴金属鉱山の開発は，ヨーロッパ諸国が新たに貴金属を大量に蓄積し，利用する可能性を切り拓くとともに，ヨーロッパ各国における工業の勃興，すなわち，新大陸向けの輸出産業としての毛織物工業の成長を促した。ポトシなどのスペイン領アメリカからヨーロッパへもたらされた銀の一部はヨーロッパ内部に留まることなく，アジア貿易に利用された。また，ヨーロッパでは16世紀を通じて持続的なインフレがみられたが，このいわゆる「価格革命」の主因として，アメリカ産の銀の大量の流入が指摘されている。

　以上のように，新たな東インド貿易ルートを開拓したポルトガルと豊富な貴金属鉱山を支配するスペイン両国は，イタリア諸都市に代わってヨーロッパ貿易の中枢国の位置を占めることになる。その後，中枢国の地位はスペインからの独立を果たすオランダへ，さらにこのオランダと三度にわたる戦争(英蘭戦争1652-54年，1665-67年，1672-74年)を交えて海上支配権を確かなものにしたイギリスへと移った。

　他方で，ヨーロッパ諸国がアジアやアメリカへ貿易圏を拡大していく時期は，国王が有力な封建領主と教会勢力を抑えつつ，権力の集中化を図った絶対主義の幕開けの時代に重なる。国王を中心とする主権国家の形成過程で官僚システ

ムと軍隊の整備が進んだ。この主権国家の存立は国王個人の私的財産の管理によってではなく，租税を主要な原資とするまさに国家財政によってこそ可能なものであった。銀行と信用システムの発達が不十分な時代には，租税の支払いや取引の決済などで貴金属貨幣の必要性が高かったことは想像に難くない。国庫の財源の確保あるいはその拡充はそれが租税を通じて図られる限り，経済政策の目標は民間の経済活動の力強い発展と成長を目指すものとなる。イギリスをはじめとするヨーロッパの主要諸国はこの政策目標を達成するために，とくに貿易を重視し，独占的特権の付与や関税の賦課，産業の保護など，一連の重商主義政策を遂行したのである。次節では，イギリス重商主義の古典的著作を紐解きながら，重商主義の骨格をなす貿易差額論の特質を説明する。

(2) 貿易差額論

1600年にエリザベス1世のもとで，イギリスは東インド会社を設立した。東インド貿易の独占権を得たこの会社は，翌年，ランカスターが率いる船団を東南アジアへ派遣した。船団は香辛料のみならず，航海中にポルトガル船舶から略奪した宝石や金などをイギリスへ持ち帰った。この最初の投機事業は見事な成功を収めたのである（ガードナー，1989：13-18）。その後もイギリスは東インド会社を通じて東南アジア貿易の拡大を図った。しかし，イギリスは，1623年のオランダ人によるイギリス人虐殺事件（アンボイナ事件）を契機に貿易の軸足をインドへと移すことになる。当時は，イギリスとオランダ両国の激しい勢力圏争いのなかで略奪もまた貿易事業の一環となりえた時代であった。この草創期の東インド会社の経営に携わりつつ貿易に関する論考を残したのがトーマス・マン（Mun, T., 1571-1641）である。彼は，イギリスを富裕にする方法について，次のように述べている。

「王国は，他の諸国民から享受した贈与物あるいは獲得した拿捕物によって富裕になり得るが，そういうことがたまたまあっても，それは不確実であり，ほとんど考慮に値しない。それゆえ，われわれの富と財宝を増加する通常の手段は外国貿易によるものである。その場合に，われわれはつねに次の原則を守

らなければならない。すなわち，その原則とは，年々，われわれが消費する外国商品の価値額よりもなお多く外国人に販売することというものである」(Mun, 1664：7／17)。

　商船が一転して海賊となり，略奪に走ることは当時のイギリスの船乗りの「常套手段」であった(ガードナー，1989：17)。しかし，マンはこのような手段が不確実であり，イギリスの富裕化の「通常の手段」は貿易によると説く。マンの上記の言説を敷衍して重商主義者の基本認識を示すならば，国内あるいは植民地に貴金属鉱山をもたない国は，輸入を抑制して輸出を促進し，順なる貿易差額（＝貿易黒字）の状態を持続することによってのみ貴金属貨幣を獲得できるというものであった。マンは貿易黒字の実現のための具体的方策として，輸入品の国内自給，奢侈禁止令によって間接的に外国製品の使用を制限すること，加工製品の輸出および原料品の輸入に際しての関税の軽減などをあげている。

　国富の増減が貴金属貨幣の国内保有量の多少によって判断されるならば，厳密な貿易差額主義は，いったん国内に流入した貴金属貨幣の外国への流出を許容しないはずである。だが，マンはこの議論を退ける。マンによれば，貿易差額は個別的貿易差額と全般的貿易差額の2種類に区分することができる。マンが問題にしたのは，イギリスが貿易相手国ごとに，あるいは各種の商品について個別に貿易黒字の実現を目指すケースと，特定国や特定商品については貿易赤字が生じても，それによって得られる商品の再輸出が総体としてみて貿易黒字に寄与するケースである。彼は後者のケースを重視し，それゆえに貴金属貨幣の国外への流出を認めた。マンの貨幣輸出容認論は彼の2つの言説，すなわち，「われわれは遠隔地貿易を尊重し，育成しなければならない」，およびイギリスから「年々他の諸国民へより高い価格で売られる大量の胡椒」(Mun, 1664：13, 14／25)という言説に照らすとき，東インド貿易を念頭に置いたものであることがわかる。

　マンは，東インド貿易において赤字を計上し，銀の国外流出の元凶であると批判された東インド会社の経営陣のひとりであった。彼の貿易論における問題意識は，東インド会社の貿易の実態に即して，貨幣の国外流出を否認する重金

主義の発想を批判することにあった。はからずも東インド会社の利害を擁護したマンその人により，狭隘な個別的貿易差額主義が全般的貿易差額主義によって超克されたことは興味深い。確かにマンの眼には個別的貿易差額主義は狭隘なものと映ったであろう。しかし，幼稚産業段階にある特定の製造業の育成を図る場合には，この個別的貿易差額主義を重視する必要がある。この論点については，のちに再度触れる。

さて，スミスは『国富論』第4編「経済学の諸体系」において，マンが上記のように主張した商品の再輸出を念頭に置く貨幣流出の容認論に言及している。また，スミスはフランスの重商主義者としてコルベールを取り上げている。スミスによれば，コルベールは特定の製造業に特権を付与する一方で規制を加えた。さらにコルベールは生産コストの削減を図るため，穀物取引に介入した。労働者の主要な支出項目である食料品の価格を低く抑えられるならば，生産コストのなかで大きな部分を占める労働者への報酬の支払いを抑制することが可能になるからである。

フランスの重商主義は，ルイ14世の財務総監を務めたこのコルベールの名にちなんで「コルベルティスム」の異名をもつ。コルベールの経済政策から垣間みられるのは，単なる商品取引への公的介入ではなく，商品の生産の局面への公的介入をも重商主義がその視野に収めていたということである。たとえば，コルベールは，奢侈品の製造事業所に特権を付与してその保護と育成を図ると同時に，検品体制を整備してフランス製品の品質の向上を図ろうとした（デーヨン，1975：33-34）。

スミスにおいては，特権の付与などがもたらす特定商品の高価格あるいは逆に価格の引き下げは生産要素の移動を誘発し，その結果，市場を通じた資源配分の歪みと一国全体としての経済のパフォーマンスを低下させる。スミスによれば，重商主義とは「制限と統制の政策体系」であったが，彼はこの重商主義を過去の無害な経済思想とは捉えなかった。重商主義はまさにスミスが生きた当時のイギリスの経済政策の基本線となっており，その意味で自国のマンやフランスのコルベールの経済思想は死に絶えていなかったのである。では，重商

主義は，スミスが示唆したように単なる批判対象として論じられるべき経済思想なのか。次節では，この問いに対する回答も含めて重商主義をより重層的に説明する。

(3) 重商主義評価の視角

　スミスが『国富論』のなかで主たる分析対象に据えたのは，3つの経済主体——資本家・労働者・地主——が各生産要素——資本・労働（力）・土地——を自由に売買できる「商業社会」＝市場経済社会である。すなわち，スミスの自然価格論は生産要素市場と生産要素の自由な移動を前提にしてはじめて語り得るものであった。このような前提は，土地と労働（力）が慣習によって分かちがたく結びついていた封建社会においては望みがたい。しかし，ここでイギリス経済史を紐解くならば，この結びつきが断ち切られていく局面があったことに気づく。土地から耕作者を強制的に排除したエンクロージャーはその局面のひとつであった。毛織物工業がイギリスの主要な国民的産業へと成長するのに伴ってその原料の需要は増大した。封建領主を土地の囲い込みへと駆り立てたのは羊毛生産の魅力，すなわち，毛織物工業の原料の生産がもたらす利益であった。

　ところで，ある産業が競争力を高めつつ，一国の主要産業の地位を確立していく過程においては，当該産業を対象とする個別的貿易差額が顧みられ，政府の保護が与えられる。実際に，たとえば，イギリスでは，1699年にアイルランドと北米植民地における毛織物の生産を規制する法律が制定され，また翌年には，インド産綿布であるキャラコが国産の毛織物と競合するとの理由から，その輸入を禁止する法律が制定された。ここで興味深いのは，このキャラコの輸入業者が実は東インド会社であった点である。1677年の東インド会社の輸入品目のうち，キャラコはその66.4％を占め，確かにイギリスの毛織物産業の利害を冒していたが，この東インド会社はまたイギリス産毛織物10万ポンドを東インドへ輸出することを特許状(1693年)によって義務づけられていた（西村，1967：67, 56）。これは貿易をめぐる利害関係の複雑さを示す一例である。しかし，このような錯綜する利害の実態を認めたうえで，保護を求める側と保護を

与える側，この両者の利害の組み合わせに留意するならば，重商主義は貿易差額と管理貿易についての単なる知識群とはいい切れないことが明らかになる。

　現実の政策決定過程はさまざまな利害関係の力学を反映し，何が真の国益であるかは容易には見定めがたい。しかし，他面で国益を語り得るためには国家という枠組みが，あるいはドイツ歴史学派の先駆者リストが示唆したように個人と人類の中間に位置する「国民」という枠組みが必要となる(リスト，1970：237)。このような意味で，先に言及したように，重商主義を国王中心の主権国家の形成過程，より端的にいえば，政治的統一に力点をおいて評価する視点(シュモラー，1971：56)には，重商主義を思想として論じる限り，汲み取るべきものがある。しかし，国益を論じる主権国家の枠組みがいったん前提されるならば，政策決定にかかわる「公益」や「国家理性」の内実が懸念(Smith, 1776：539／Ⅱ，258)されるとしても，国益として語られる私的利害を政治権力との対抗性あるいは親和性に基づいて特定し，重商主義を論じることが可能になる。

　ヨーロッパ政治史上の「市民革命」を境とする政治権力の移行という基準に照らして重商主義を論じる場合，イギリスを例にとると，その基準は「名誉革命」(1688-1689年)に求められる。名誉革命は単なる君主の交替ではなく，新たな政治システムの船出を意味した。すなわち，ウィリアムとメアリの両王が認めた「権利の宣言」(のちの「権利の章典」)が議会の同意に基づく政治運営を高らかに謳いあげたように，この革命によって王権は制限され，議会政治の礎が築かれた。したがって，この革命前の重商主義を「前期重商主義」，その後を「後期重商主義」と便宜上区分し，なおかつその対抗的な性格に鑑みて，前期重商主義を「絶対主義的重商主義」，後期重商主義を「議会的重商主義」とよびかえて保護を与える側を明示することができる。だが，保護を求める側を明示するのは容易ではない。東インド会社にまつわる利害関係の複雑さはこの問題の困難さを証するものである。それにもかかわらず，あえて二項対立として示すならば，前期重商主義の場合には，全般的貿易差額と中継貿易を重視したマンのような特権的貿易商人などのグループを，また後期重商主義については個別的貿易差額を重視し，イギリスの主要産業として成長を遂げていく毛織物

産業の関係者によって，それぞれを代表させることができる。もちろん，このような重商主義の整理は両刃の剣である。すなわち，政治の局面に留意する重商主義理解によって，全般的貿易差額の視点に立つマンの主張が貨幣流出の容認・自由論に帰結したとしても，それを後述のヒュームや古典派の段階での経済的自由主義と区別する視界が開ける。だが他方では，強力な王権が議会政治の未熟な段階における利害集約の失敗を回避して，いずれ工業へ投資されることになる資金の蓄積を促したのではないか，このような解釈も成り立つ。重商主義を単なる貿易論ではなく，経済思想として論じる際の困難と知的な欣快は，この一例によっても示される。

2　経済学の胎動

　商品を販売あるいは輸出するためには，「贈与」や「略奪」を別とすれば，まず商品そのものを生産しなければならない。すでにみたようにマンは，東インド会社が胡椒をはじめとするアジアの商品を獲得するための，貨幣の流出を容認する議論を展開していた。貴金属鉱山をもたないイギリスの場合，東インド貿易の元手となる貴金属貨幣の出自はイギリス国民の生産を起点とする経済活動であった。そのいわばイギリスの国民的産業のひとつが毛織物工業であった。イギリスで生産された毛織物は，中・南米の豊富な貴金属鉱山を支配するスペインへ輸出され，イギリスはその対価を貴金属貨幣で受け取ったのである。スペインはアフリカ生まれの奴隷を酷使し，金銀の採掘を行わせたが，イギリスにおける毛織物生産と同様に中・南米における貴金属の採掘もまた人間の労働であることに変わりはない。労働する奴隷は奴隷主の所有の対象ではあっても所有の主体ではなく，したがってその労働の成果は奴隷自身のものではなかった。

　重商主義は，確かに流通論の分析に傾斜した。だが，繰り返し強調するが，毛織物も貨幣のかたちをとる地金も生産における労働の成果にほかならず，この点をまったく看過した貿易論は完結したものにならないであろう。この点に

関して重商主義者のマンでさえ，順なる貿易差額を獲得する方法を論じるなかで外国の需要を考慮して輸出品を生産すべきであると述べていた点(Mun, 1664：10／21)は留意に値する。また，先に，スミスが『国富論』のなかでマンの貨幣の流出を積極的に認める議論に言及していると指摘したが，スミスが着目したのは，実はマンが貿易黒字の発生を農業生産の喩えによって読者に示そうとした言説であった。

「われわれが農夫の行動を，種播時に大地のなかへ良穀をどんどん捨てるさまでしかみないならば，われわれは彼を農夫とはみないでむしろ狂人であると思うであろう。しかし，彼の努力の結末である収穫時にその労働を考えるならば，われわれは彼の行動の価値とその豊富な増収を見出す」(Mun, 1664：27／40)。

スミスは流通と消費の論理的起点を明確に生産に見定め，この生産を労働に基づいて分析する視点を打ちだすことで，経済学の生誕の地平を切り拓いた。経済思想の展開は重商主義からスミスへ一足飛びに語り得るものではなく，「経済表」により経済の循環と相互依存の関係を示した重農主義も重商主義と並ぶ重要なスミス前史である。重農主義の経済思想へ進むまえに，本節では，重商主義と重農主義とスミスを結ぶ飛び石の経済思想を取り上げて経済学の胎動を論じる。

(1) 労働への眼差し

ウィリアム・ペティ(Petty, W., 1623-1687)は，イギリスがオランダとの戦争を遂行し，オランダに代わって海上支配権を手中に収める17世紀の後半期に，イギリスの国富の増進について思索を深めた。ペティにおいても，たとえば，貴金属貨幣と宝石の豊富さやイギリスが「全商業世界の普遍的貿易」を支配する可能性(Petty, 1691：259-260, 312／50, 146)が問われたように重商主義的認識が窺われる。しかし，ペティの問題関心は総じて生産の領域へと向けられている。

ペティの関心を引いたのは，まず財政の問題であった。財政支出の項目はそ

れ自体が政府の活動領域を示すものであるが，ペティはその内容を防衛・行政・宗教・教育・貧民対策・公共事業の6つに分けて論じている。すなわち，防衛と行政と宗教は一国の経済活動が円滑に行われるために必要な内外の秩序の維持の視点から，また教育と貧民対策は良質な労働力人口の確保の視点から，さらに公共事業は貧民の雇用を念頭に置いたインフラ整備の視点から語られている。

　他方で，ペティはオランダとフランスに対するイギリスの経済的優位を説く，いわば国力比較論をも展開している。政府の活動が民間部門に課される租税によって支えられている以上，財政の問題，イギリスの軍事力を含めた国力の比較の問題は，ペティにとっては，富の形成にかかわる分析に基づいて考察されるべき問題であった。

　ペティの次の言説は，彼が富の形成にかかわるものとして，労働を新たな眼差しで捉えていたことを示唆するものである。すなわち，その言説とは，「君主の偉大さや栄光は，君主がよく統一し，よく統治している人民の数，技芸および勤勉にあるというよりもむしろ君主の領土の大きさにあるという誤解」と，「地中と海中から自分で苦労して獲得するよりも，詐欺あるいは強奪によって他人から奪うことが一層名誉であるという誤解」(Petty, 1662：22／42)の2つである。ペティの認識では，彼が「誤解」という言葉で語っているように，軍事力に基づく植民地の拡大ではなく，秩序が保たれた一国の内部に質が高く，勤勉な労働力人口がどれだけ存在するのかが問われるべきであり，またそのような働き手が大地をはじめとする自然に労働を投じて，不正な手段によることなく，富を「自分で苦労して獲得する」ことがイギリスの真の富裕化を図る方法であった。このように「労働」と「土地」を富の2つの形成要因と考えたペティは，さらに地租を議論するなかで課税の対象である地代を取り上げて次のように論じている。

　「ある人が自分の手で一定面積の土地に穀物を栽培することができるとしよう。……この人が自分が収穫した全作物から，自分の種子を差しひき，また同様に自分が食べたもの，および衣類その他の自然的必需品と交換に他人に与えたものを差しひいたとき，なおそこに残る穀物は，その年の土地の自然的で真の地

代である」(Petty, 1662：43／76)。

　上記のように，ペティは地代を穀物それ自体の余剰として捉えたのち，この穀物地代が銀で表現される場合，穀物の余剰分の生産に投じられた労働時間と同じ労働時間で生産される銀の量に着目した。すなわち，商品同士の交換比率は，各商品の生産に必要な労働量(＝労働時間)によって規定されることになる。この議論からも窺われるように，ペティにおいては土地は富の「母」，労働は富の「父」たる位置を占めるものの，まさに労働こそが富の「能動的要素」にほかならなかった。

　ジョン・ロック(Locke, J., 1632-1704)は，「鉱山に恵まれていない国では，富を増大する方法は征服あるいは貿易の2つしかない」(Locke, 1692：13／17)との認識にもとづいて貿易差額を論じた。ロックによれば，富は金銀の豊富さに依存するが，金銀の有用性は「生活のあらゆる便宜品」を支配する点で評価されるべきである。ロックにおいても，流通の後景にあった生産の領域が顧みられることになるが，しかし，ロックの場合，労働への眼差しは貨幣の価値貯蔵機能に関する認識を媒介にして，市場経済社会の制度的枠組み──私有財産秩序の形成とその維持──を問うものとなる。

　最初にロックは，自然状態の仮構により，個人の出自や身分という社会的属性を消し去り，他者の意思に行動を制約されない人間を想定する。この自由で平等な自然状態のもとで，人間は自己の生命の維持を図る。人間は外部世界に存在する共有物を使用(＝消費)することでその生命を維持するが，その際に，なぜ各人は，その共有物の一部に対して，排他的な使用の可能性を主張できるのか。ロックはこの所有権の論拠を次の言説から説き起こす。

　「大地や人間より劣る被造物のすべては人類の共有物であるが，しかし，すべての人が自分自身の身体に対しては所有権を持っている」(Locke, 1690：287／176)。

　この身体に対する各人の所有権から，その身体の働きである労働，さらにはその成果も各人に帰属するとロックは説く。すなわち，自然状態では，本来共有物である自然一般に対し，誰もが自己保存のための労働に基づく所有を語り

得る。だが，その自然状態では，人びとは所有権の平穏な享受をみずからの力で確実なものにしなければならない。ロックは自然状態における所有権への侵害を想定しつつも，① ある人の所有権の設定が他者にも同様の権利の設定の余地を十分に残していること，② 所有権はその対象物の消費が無意味な浪費（＝腐敗）を伴わない範囲に限定されること，③ これら２つの自然法に基づく留保事項の，理性を介した認識とその遵守を説いて，その侵害の可能性をまず注意深く排除した。つづいてロックは，これらの留保事項を解くモメントを腐敗しない，価値を蓄える貨幣の導入に求め，生産物の蓄積と不平の発生，自然状態の無秩序化を描きだしたのち，秩序の維持が人びとの同意に基づく共同体とその統治機構の出現によって図られるとの議論を展開している。さらに，この統治機構（＝政府）の出現に関する議論は，その維持コストをいかに確保すべきかという新たな問題をロックに課すことになる。

「政府は多額の費用がなければ存立しえないことは確かであり，また保護を享受しているすべての者が政府を維持するためにその財産から自分の割当分を当然支払うべきである。しかし，それもやはり，自分自身の同意，すなわち，彼ら自身のあるいは彼らによって選出された代表者，このいずれかによる多数者の同意がなければならない」(Locke, 1690：362／255-256)。

ロックにとって，政府は各人の所有権を保護するいわば共同機関であり，したがってまた，その恩恵を享受するすべての者は政府の維持コストを負担しあわなければならない。しかし，その負担は為政者によって恣意的に課されてはならず，国民の代表者の同意を必要とする。ロックの以上の主張は財政民主主義の認識をまさに示したものであった。

(2) 経済循環の発見と価格認識の端緒

リチャード・カンティロン(Cantillon, R., ?-1734)は，ペティの名をあげて，富の形成要因に関する議論を批判的に継承し，土地は富が引きだされる「源泉」あるいは「素材」であり，労働は富を生みだす「形式」であると説いている。カンティロンは「自作農や農夫の労働でさえ，価値としては彼を養うのに使用

される土地の生産物の2倍に相当する」(Cantillon, 1755：22／26)と述べる一方，労働者に割り当てられる生産物を産出するのに必要な「土地の量」に着目した。カンティロンにおいては，彼自身が強く意識していたように，労働要素を重視したペティとは対照的に土地要素が重視された。また，貿易については，カンティロンは，「一国の国力の増減にとってもっとも重要な商業は外国貿易である」(Cantillon, 1755：133-134／159)と指摘し，重商主義的な認識を示している。このように重商主義的側面を窺わせつつも，重農主義と古典派へと引き継がれる議論を展開したカンティロンの経済思想について，彼の経済循環論と価格認識に焦点を絞って説明する。

　ケネーは，「経済表」によって経済の循環と経済主体間の相互依存の関係を一枚の紙に描き切ったが，シュンペーターはケネー以前に経済表のプロトタイプを示したという意味でその発明に関する優先性をカンティロンに認めている(Schumpeter, 1954：222／401)。カンティロンによれば，経済の循環プロセスは，借地農，地主，製造業者の3者間での取引として描かれる(以下，便宜上，生産物を《数字》で，貨幣を【数字】であらわす)。借地農が生産する農産物は，「地代」の名のもとに3つの部分に，すなわち，① 地主に支払われる部分，② 借地農自身と農業労働者の生活および農業経営の維持に必要な部分，③ 借地農の利潤に相当する部分に分かれる。借地農はみずからが生産した農産物《90》の半分《45》を農村内部で消費し，残りの半分《45》を貨幣を得るために都市の製造業者に販売する。地主が受けとる地代は①の想定から農産物の3分の1であるため，借地農は地主に対して貨幣地代【30】を支払う。借地農の手もとの残額【15】は毛織物や食器類等の生産物を都市の製造業者から購入するために支出される。地主は都市において貨幣地代【30】を，パンやビール等の加工された食料品を含む都市の生産物の購入に充てる。借地農についてみると，農産物の自家消費分《45》に都市から購入した製造品《15》を加えた《60》が，借地農が保持する地代②と③の内容をなす。確かに，このカンティロンの経済表は，「前払い」＝投資の認識を欠く点でケネーの経済表との理論的懸隔は小さくない。しかし，富の形成要因としての土地の重視や地主主導の経済社会

の構想，支出の模倣論などケネーが経済表で前提とした論点も含めてカンティロンが論及していたことは注目に値する。

また，カンティロンは市場経済の実態を価格論，とくに内在価値論を軸に解き明かそうとした。経済循環論においてみたように，借地農の生産活動の成果はすべて地代として把握されている。この用法はカンティロンが富の形成要因として土地を重視したことに基づいているが，その地代の具体的内容は彼の価格論の構成を予示するものとなっている。地代部分①は地主が生産要素である土地の利用を借地農に認める対価として受けとる報酬であり，地代部分②は，農業労働者が借地農に対して労働(力)という生産要素を提供する対価として受けとる報酬である(借地農自身も賃金の名目でこの地代部分の一部を保持する)。さらに，地代部分③は，借地農の資本の使用に対する報酬部分である。

この議論に対応して，価格論においては要素報酬を加算したものが「内在価値」＝生産費として語られることになる。ただし，「物の価格あるいは内在価値はその生産に入りこむ土地と労働の大きさである」との言説(Cantillon, 1755：17／20)から明らかなように，カンティロンは，この内在価値の構成要素から地代部分③をはずし，地代と賃金の合計によって内在価値を示している。この理論的配慮は単に富の形成の2要因論に基づくものではない。

市場経済社会での企業経営の実相は生やさしいものではない。その成功と失敗についてカンティロンは，「ヨーロッパの借地農たち……はすべて企業者であり，彼らはみずから危険を冒して働くので，ある者は富裕になり，生活の資を2倍以上も稼ぎ，またある者は零落して破産する」(Cantillon, 1755：23／28)と述べて活写した。また，カンティロンはこの言説のなかの「企業者」について，賃金(および地代)のような確定した報酬とは異なる不確定な報酬を受けとる経済主体であると規定している。市場経済の変転止まない実態を捉えようとしたカンティロンは，価格論においては地代部分③を不確定なものとして想定し，企業者はこのプラスにもマイナスにもなりうる報酬に誘われて生産の調整者としての機能を果たすと考えたのである。それゆえ，生産費としての内在価値は現実の市場価格との大きさの乖離を計るという意義をもつ。カンティロ

ンは次のように述べている。

　「物の内在価値はけっして変動しない。しかし，商品や物の生産を，それらの一国内での消費に釣り合わせることが不可能であるために，市場価格の日々の変動と止むことのない高下の波動が生じる」(Cantillon, 1755：18／21)。

　のちにスミスは，商品の「自然価格」について，3つの生産要素の平均的報酬率に基づいて賃金・利潤・地代を過不足なく支払う価格と規定した。さらにスミスは，現実の商品の需給関係によって決まる「市場価格」の変動を論じる際，商品の供給量とその「有効需要」，すなわち，当該の商品の「自然価格を支払う意思のある人びとの需要」を想定した。スミスは，このような理論的配慮によって，市場価格の自然価格からの乖離を契機とする産業部門間の資源配分のメカニズムを解明することになる。カンティロンの内在価値論は，このようなスミスの自然価格論の理論構成を備えていないが，経済思想におけるスミス前史の注目すべき知見のひとつであった。

(3) 貿易をめぐる嫉妬の氷解

　デイヴィッド・ヒューム(Hume, D., 1711-1776)は，一国民はどのような「一般的原理」に依拠すれば，その富裕化(=「国家の幸福」の増進)が可能なのかを模索した。一国の富裕化とは，商品を単に豊富に享受することではなく，その多種多様化と質的向上を図ることでもある。ヒュームの認識では，経済の発展には国家権力による秩序の維持が必要であるが，国家の強大さは国民の富裕の程度に比例する。

　このようにヒュームは，経済の発展と国家の強大さとのあいだの相互依存を確認したのち，未開状態を起点とする富裕化のプロセスを辿りつつ，労働力人口の配分という問題を論じている。すなわち，狩猟採集段階である未開状態から農工分業の萌芽的な段階への移行がまず語られる。農業はそれ自体が'arts'であるが，この「産業」における「技術」の改善は余剰生産物の増大をもたらすことで農工分業を本格的に推進し，やがて「余分な人手」とよばれる労働力人口を扶養することが可能になる。ここで，ヒュームの問題意識は，ペティの

それと交差する。ペティは為政者の偉大さは領土の広さではなく，国民の労働力の量と質に基づく生産力の大きさによって判断される点を鋭く指摘していた。ヒュームは，領土の拡張のために「余分な人手」を軍人として使用するという為政者の選択肢を排して，「余分な人手」を新たな産業——農業と農業に密接にかかわる在来の工業よりも労働の高度な質を要求する産業——で雇用するならば，「国家の幸福」は増進すると説く。この産業こそが「一般的に奢侈産業とよばれている，より精巧な産業」にほかならない。

ヒュームは以上のように，すでにペティのうちに窺われた，労働力の量的・質的把握を前提に生産力の増大を説く議論をより洗練したのである。ヒュームがその際に着目したのは，相互に高度化してやむことない人間労働の技術と欲望であった。以下では，「国家の幸福」を左右する貨幣や貿易差額に関して，ヒューム自身が「洗練と精妙の度がすぎると思われる幾つかの原理」として語った内容を，彼の重商主義批判に留意しつつ説明する。

ヒュームが批判的に論じたのは，貿易一般ではなく，あくまでも重商主義的貨幣観に基づく管理貿易である。なぜならば，ヒュームにとっては，貿易は輸入の面では技術の洗練を促す欲望を喚起する点で，また輸出面では国内需要を上回る生産と雇用を確保する点で評価されるべきものだからである。またヒュームの認識では，管理貿易が支持されている背景には貨幣と貿易をめぐるさまざまな誤解がある。誤解は貿易差額に関する激しい「嫉妬」を掻き立て，自由貿易への転換の途を阻んでいる。ヒュームはまず，貨幣に関する誤解を解くことを試みる。

先に触れたように，重商主義的貨幣観は，貨幣の機能のうち価値の貯蔵手段としての機能を重視するが，これに対してヒュームは貨幣とは商品の取引を円滑にする「油」であると指摘し，貨幣を交換の媒介物とみなす。このように貨幣の本質をその交換手段の機能に見出すことは，実物的分析と貨幣的分析という経済学の相異なる2つの分析手法を認識することに繋がる。「貨幣量の多少は何ら問題ではない」，「財の価格はつねに貨幣の量に比例する」と明言したヒュームは，実物的分析の視点から貨幣数量説を説いたが，この視点は古典派に

受け継がれることになる。

　この種の貨幣数量説，すなわち，厳密にいえば「機械的数量説」は，ヒュームにとって「道理にかなった原理」であったが，この原理の貿易論への適用は貿易をめぐる誤解を改めるうえでも有用であった。ヒュームが示したのは，今日，「物価＝正金移動機構」とよばれる議論であり，それは重商主義の政策目標――「順なる貿易差額」の恒常的確保――が達成困難であることを明らかにしたものである（アーウィン，1999：64-65）。すなわち，この議論は，《国内における貴金属貨幣の増加⇒物価と生産コストの上昇⇒輸出品の競争力の低下⇒輸出の減少と輸入の増加⇒貴金属貨幣の国外への流出》という経路を示すことによって，各国が保有する貴金属貨幣の数量は実物経済の世界が要求する水準へとおのずと調整されるとの結論を導く。それゆえ，ヒュームは次のように述べている。

　「鋳貨が比較的豊富にある場合，同量の財を代表するためにより多量の貨幣が必要となるから，ある国民をそれ自体として考察すれば，それは善悪いずれの影響をも与えない」（Hume, 1772：118／233）。

　しかし，ヒュームの貨幣に関する議論は，ここで終わるものではない。ヒュームは，カンティロンの経済思想のなかで彼の重商主義的側面が窺われる論点を踏襲していたのである。カンティロンは，次のように述べている。

　「いま一国の貨幣の増加が諸外国との貿易差額から生じるとすれば……この貨幣の年々の増加は，国内の大多数の商人や企業者を富裕にし，かつ大量の職人や労働者に仕事を与えるだろう。彼らは外国へ送る加工品を供給し，外国からこの貨幣を引きだす。こうして，これらの勤勉な住民の消費はしだいに増え，土地と労働の価格は高くなるだろう」（Cantillon, 1755：93／109）。

　カンティロンは，《貴金属貨幣の増加⇒物価の上昇》という経路を認めている。しかも，カンティロンは上記の経路のなかの中間において生じる経済現象に留意を促し，消費支出の漸次的増加や雇用量の増加を説くことで貨幣が実物経済の世界に積極的に影響を及ぼし得ることを示唆した。ヒュームはこのカンティロンの論点を明確化し，「金銀の増加が産業活動にとって有利なのは，貨幣の

取得と物価の騰貴とのあいだの間隙あるいは中間状態においてだけである」(Hume, 1772：119／234)と述べることになる。このように機械的数量説を説いた論者たちのなかにも実は，貨幣の中立性を否定する議論が窺われるが，この種の議論は「連続的影響説」とよばれる。

のちに，ヒュームの貨幣論の二重性に言及したケインズは，ヒュームの連続的影響説を彼の貨幣論の中心とは解釈しなかった。ケインズは，「ヒュームは片足と他の足の半分を古典派の世界においていた」(Keynes, 1936：343, n3／下，128，注4)と述べたように，むしろ彼の機械的数量説を古典派の中立的貨幣観に接続するものとして解釈している。ヒューム自身の全体の論調に照らしても，彼が実物的分析を重視したことは疑いない。

ヒュームは，先にみたように機械的数量説の系論ともいうべき「物価＝正金移動機構」によって重商主義の管理貿易論を批判した。他方で彼は貿易はゼロ・サムゲームではなく，貿易はそれに関わる国々すべての経済厚生を高めるとの認識から，いわば国際間の連帯論ともいうべき議論を打ちだす。ヒュームによれば，外国から輸入されるのは単に商品のみではなく，技術もまた輸入される。その意味では，国内産業の洗練，すなわち，技術の改善の契機は外国のそれを模倣することにあった。ヒュームにとって貿易の真の姿とは，各国が「相異なる天分や気候や土壌」に基づいて他国に対して優位な産業を持つとの前提のもとで相互に需要を喚起し合い，また技術を高め合い，その結果，最高の商品を取引し合うというものであった。さらにヒュームによれば，これらの貿易の相互利益の増大は自由貿易の原則によって保証される。

「諸国民のあいだに自由な通商が保たれている場合には，どの国の国内産業も他の諸国民の進歩によって増進しないはずはない」(Hume, 1772：150／264)

この貿易の真の姿を認識するならば，貿易相手国の経済的進歩に対する嫉妬はおのずと氷解する。ヒュームは，他国への嫉妬を誘発する重商主義の狭隘な貿易観を批判し，自由貿易の原則を説くことで，経済思想の潮流を重商主義の介入主義から古典派の経済的自由主義へと転回させたのである。

● 参考文献

Cantillon, R.（1755 [1997]）*Essai sur la nature du commerce en général*, réimpression de l'édition de 1952, Institut National d'Études Démographiques.（津田内匠訳〔1992〕『商業試論』名古屋大学出版会）

Hume, D.（1772 [1994]）*Essays and Treatises on Several Subjects*, in *Political Essays*, edited by K. Haakonssen, Cambridge University Press.（田中敏弘訳〔2011〕『ヒューム 道徳・政治・文学論集』［完訳版］名古屋大学出版会）

Keynes, J. M.（1936 [1997]）*The General Theory of Employment, Interest, and Money*, Prometheus Books.（間宮陽介訳〔2008〕『雇用，利子および貨幣の一般理論』全2冊，岩波文庫）

Locke, J.（1690 [1988]）*Two Treatises of Government*, edited by P. Laslett, Student Edition, Cambridge University Press.（伊藤宏之訳〔1997〕『全訳 統治論』柏書房）

Locke, J.（1692 [1823]）Some Considerations of the Consequences of Lowering the Interest and Raising the Value of Money, in *The Works of John Locke*, Vol. V, printed for T. Tegg…….（田中正司・竹本洋訳〔1978〕『利子・貨幣論』所収，東京大学出版会）

Mun, T.（1664 [1895]）*England's Treasure by Forraign* [sic.] *Trade*, Macmillan.（渡辺源次郎訳〔1965〕『外国貿易によるイングランドの財宝』所収，東京大学出版会）

Petty, W.（1662 [1899]）*A Treatise of Taxes & Contributions*……, in *The Economic Writings of Sir William Petty*, edited by C. H. Hull, [Cambridge] University Press.（大内兵衛・松川七郎訳〔1952〕『租税貢納論』岩波文庫）

Petty, W.（1691 [1899]）*Political Arithmetick* [sic.] ……, in *The Economic Writings of Sir William Petty*, edited by C. H. Hull, [Cambridge] University Press.（大内兵衛・松川七郎訳〔1955〕『政治算術』岩波文庫）

Schumpeter, J. A.（1954 [1994]）*History of Economic Analysis*, edited by E. B. Schumpeter, Oxford University Press.（東畑精一・福岡正夫訳〔2005-2006〕『経済分析の歴史』全3冊，岩波書店）

Smith, A.（1776 [1981]）*An Inquiry into the Nature and Causes of the Wealth of Nations*, edited by R. H. Campbell, A. S. Skinner, and W. B. Todd, Liberty Fund.（大河内一男監訳〔1978〕『国富論』全3冊，中公文庫）

アーウィン，D. A. 著，小島清監修・麻田四郎訳（1999）『自由貿易理論史——潮流に抗して』文眞堂

大森郁夫（2012）『文明社会の貨幣——貨幣数量説が生まれるまで』知泉書房
生越利昭（1991）『ジョン・ロックの経済思想』晃洋書房
ガードナー，B. 著，浜林正夫訳（1989）『イギリス東インド会社』リブロポート
小林昇（1955［1976］）「重商主義——その経済理論の概括」，『イギリス重商主義研究(1)』（小林昇経済学史著作集Ⅲ）所収，未来社
坂本達哉（1995）『ヒュームの文明社会——勤労・知識・自由』創文社
坂本達哉責任編集（2005）『黎明期の経済学』（経済思想 3）日本経済評論社
島恭彦（1938［1982］）『近世租税思想史』，『財政思想史』（島恭彦著作集 1）所収，有斐閣
シュモラー，G. 著，正木一夫訳（1971）『重商主義とその歴史的意義』未来社
竹本洋・大森郁夫編（2002）『重商主義再考』日本経済評論社
田中正司（1979）『市民社会理論の原型』御茶の水書房
田中敏弘（1971）『社会科学者としてのヒューム——その経済思想を中心として』未来社
デーヨン，P. 著，神戸大学西洋経済史研究室訳（1975）『重商主義とは何か』晃洋書房
西村孝夫（1967）『キャリコ論争史の研究——イギリス重商主義と東インド会社』風間書房
ペンローズ，B. 著，荒尾克己訳（1985）『大航海時代』筑摩書房
松川七郎（1967）『増補版　ウィリアム・ペティ——その政治算術＝解剖の生成に関する一研究』岩波書店
吉田静一（1962）『フランス重商主義論』未来社
リスト，F. 著，小林昇訳（1970）『経済学の国民的体系』岩波書店
ロンカリア，A. 著，津波古充文訳（1988）『ウィリアム・ペティの経済理論』昭和堂
渡辺輝雄（1961［2000］）『創設者の経済学』（渡辺輝雄経済学史著作集 1）日本経済評論社

第2章

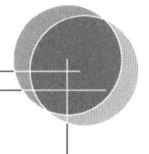

重農主義の経済思想

　経済学において重農主義（フィジオクラシー，physiocracy）という言葉は，ケネーを中心としたフランスの重農主義を意味するのが通例である。本章でも，その例に倣いフランスの重農主義の経済思想を取り扱うことにする。

1　ケネーの生涯と著作

　ケネー（Quesnay, F., 1694-1774）は，1694年にパリ近郊のメレ村に農家の子どもとして生まれた。彼は父が若くして亡くなり，兄弟姉妹が多かったため，十分な教育を受けられなかった。それでも，ケネーは近所の外科医に師事し，独学で勉強を始める。17歳になってパリに出たケネーは，働きながらではあったが，サンコームの外科医学校とパリ大学の医学部で医学，数学，哲学などを学んだ。そして23歳の時に故郷に帰り結婚し，その翌年には医師の資格をえたためセーヌ川沿いのマントに外科医院を開業した。

　ケネーが外科医として有名になったのは，パリ大学の内科医シルバ教授との医学上の論争によってである。その後46歳の時サンコームの外科医学校に招かれたのを契機に，彼は王立外科医学会の常任幹事になり，外科医学の向上に努めるようになる。彼に大きな転機が訪れたのは55歳の時である。ケネーはルイ15世の愛妾ポンパドール夫人の侍医となり，ベルサイユ宮殿の中2階で生活をするようになった。そしてその部屋で多くの思想家と会合を重ねるようになる。その会合に参加した人のなかには，ディドロ，ダランベール，エルベシウス，コンディヤックがいた。アダム・スミスもフランス滞在中にケネーに面会している。また，ケネーを師と仰ぐ重農学派のミラボー，デュポン・ド・

ヌムール，メルシュ・ド・ラ・リヴィエール，ボードー，ル・トローヌ達も同所を訪れたと思われる。そこでは，政治や経済，そして社会の諸問題が話し合われたといわれている。

　1752年，ケネーは皇太子の天然痘を治したことや医学上の貢献により貴族の地位が与えられ，同時に多くの年金と広大な土地を手に入れた。ケネーが経済の問題に興味をもちだしたのもこの頃からだといわれている。

　ケネーは若いころから多くの医学上の論文を書いてきたが，最初の経済論文「借地農論」を公表したのは1756年であり，ディドロとダランベールの編集した『百科全書』の第6巻の紙上であった。次の経済論文「穀物論」は同書の第7巻(1757年)に掲載された。ケネーはさらに「租税論」と「金利論」を同書で公表するつもりであったが，同書が発禁になったため日の目をみることはなかった。ダミアンという人物がルイ15世を襲い怪我を負わせた事件が啓蒙運動の取り締まりの強化をもたらし『百科全書』の発行が禁止されたといわれている。

　1758年になってケネーは，「人口，農業および商業に関する重要な質問」を書き，ミラボーが発行した『人間の友』紙上に匿名で発表した。また同じ年にかの有名な「経済表」を公表した。彼は「経済表」として「原表」(1758年)，略表(1763年)，「範式」(1766年)の3つの表を書いているが，「原表」はベルサイユ宮殿内で数枚印刷され，宮殿内で回し読みされたといわれている。また「原表」の第2版と第3版は1859年に印刷されている。

　ケネーは，「経済表」を普及させるために経済表の説明となるものを何度も書いている。「原表」の第1版に添えて書いたのが「国民の年収入の分配の変化についての注意」であり，第2版では「シュリー氏王国経済の抜萃」という題名に変わっている。1763年にはミラボーの『農業哲学』第7章に「経済表」を掲載した時には，「農業国における経済的統治の一般原則」のタイトルで説明がなされている。

　その後ケネーは，1765年に「自然権論」，1766年に「金利に関する考察」，そして同年と翌年「経済問題」という同じタイトルで2つの論文を書いている。

　さらに，1766年になると経済表のより単純化された「範式」を書き，『農業・

商業財政雑誌』6月号に掲載した。彼は同書で，その説明となる「経済表の分析」も公表している。この論文は，デュポンが編集したケネーの論文集『フィジオクラシー』にも含まれている。

　以上述べてきたケネーの著作のうちで，「経済表」と「農業国における経済的統治の一般原則」と「人口・農業および商業に関する重要な質問」は極めて密接な相互補完の関係にあり，重要な業績といわれている。経済的統治の羅針盤の役割を果たした「経済表」に対して，「一般原則」は経済表に基づいた経済的統治の実践的指針ともいうべきもので，「質問」はフランス経済の実情がいかに「経済表」で示された理想的な経済的秩序から乖離しているかを明確に示している。

　ケネーは晩年，彼の経済政策が不評になるにつれて発言を控えるようになり，彼が仕えたルイ15世が亡くなって間もない1774年にその生涯を閉じた。

2　ケネーの経済思想と時代背景

　ケネーが経済学の論文を書き始めたのは18世紀中頃からであるが，彼の重農主義思想の本当の狙いは当時衰退していたフランスの農業の振興を図ることによるフランス経済の再興と王国財政の立て直しにあった。彼は王国の困窮の原因をフランスの重商主義政策，すなわちコルベール主義に求めていた。ルイ14世の財政総監であったコルベールはオランダやイギリスに対抗するため，そして王国を豊かにするために積極的に重商主義政策を推進した。具体的には奢侈品の製造業を育成したり，東インド会社のような貿易会社の設立を支援するなどして輸出貿易向けの産業の発展と貿易収支の黒字化を目指す政策を行った。さらにコルベールの後を継いだ者達は，諸外国との商業上の競争に勝つために貿易商品の生産費の引き下げをもたらすとして穀物取引の制限による穀物価格の引き下げを図った。人件費の低下を狙いとした政策であったが，これらのコルベール主義の政策の結果は，農工業生産の停滞，農村の荒廃，外国貿易の不振，王室財政の破綻，課税の強化などであった。

ベルサイユ宮殿内でこのようなフランス経済の惨状をみてとったケネーは，農業の再生なくして王国の復興はありえないとして，重商主義思想に代わる重農主義思想に基づく経済政策の必要性を強調した。彼は，農業のみが純正産物を生み出す産業，すなわち国富の源泉とみなしていた。農業は，生活必需品を供給し，耕作者に利潤を与え，王と地主には収入をもたらし，僧侶には十分の一税を与えることになる。そして農業によってもたらされる本源的富は，すべての階級を支え，商業を盛んにし，工業を活気づけ，人口を増加させ，国民の繁栄を維持することになる。

　フランスの18世紀中頃の農業には，大農経営と小農経営との併存がみられた。フランス北部では大農経営や定額小作制が中心で，中部や西部そして南部では小農経営による分益小作制が行われていた。当時の分益小作制のもとでは，地主の地代は生産物の2分の1や3分の1に決められていた。当時の農民の多くを占めていたのは分益小作農であり，耕作面積はかなり大きかったが，資金力が乏しかったため地主から資金を援助してもらうことも多かった。彼らは現物地代に加えて貨幣での分け前も要求されたりして農業経営は困難な状態にあった。

　これに対して，定額小作農は資金力に恵まれ，豊かな土地で馬耕を行っている場合が多く，地代も貨幣地代の場合が多かった。しかし，豊かな定額小作農は借地農全体の8分の1程度を占めるにすぎず，残りの大部分は牛耕に頼る貧しい分益小作農であった。

　フランスの当時の小作制度は，イギリスのそれに比べて土地の貸借期間は短かったため，小作農の耕作権は不安定であった。イギリスの借地期間が12年あるいは15年が通例であったのに対して，フランスでは9年が普通であり，3年や6年という場合もあった。そのうえ，フランスの小作農は地主から耕作法の制限を受けたり，賦役や国税も課せられ，豊かになるのは困難であった。

　ケネーが問題にしたのは，このようなフランス農業の状況下にあって，農業の経営規模の大きさであり，そして彼が提唱したのは，富裕な農民を主体とした定額小作による大農経営の推進であった。このような目的を実現するためにケネーが提案した経済政策は，重商主義の経済政策を批判するものであった。

彼は，これまでの政策である農業経営者の耕作の規制，穀物取引の制限及び輸出の禁止，恣意的な課税および徴税請負人の登用，民軍の招集，賦役の乱用などが農業衰退の原因となったと考えた。そのうえでケネーは，農産物の取引の自由，国内外の貿易の自由，農業経営の自由および農業資本の所有権の安全の保障といった経済政策を提唱した。彼によれば，穀物取引の自由は，国内の地域間での豊作と凶作の調整をもたらし，国外に穀物の販路を開くことによって穀物生産を増加させ，そして外国貿易の自由によって国際的な平均価格である穀物の「良価」をもたらしてくれるからである。そして穀物の良価は借地農に生産費を超える利潤をもたらし，その利潤はさらに借地農の十分な前払いとなって農業の振興をもたらすことになると考えていた。

③ ケネーの「経済表」

ケネーの「経済表」（原表）は1758年に書かれたものであるが，重農学派の一員であるミラボーはこの「経済表」は文字の発明，貨幣の発明と並び称せられる人類の三大発明のひとつであると述べている。ケネーはその「経済表」をウィリアム・ハーヴェイの血液循環の学説をヒントに考案したといわれている。

彼の経済表は，3つの階級間における純生産物の数量的分配関係によって富の再生産機構を示したものであり，資本の単純再生産を生理学的かつ解剖学的にあらわしたものである。

「経済表」では，王と官僚と教会などの地主階級をその表の中心に据え，その左側に生産的階級である農業者階級（借地農が中心）を，そして右側に不生産的階級である商工業階級を配している。そしてそれらの階級間で純生産物がジグザグに分配されてゆく過程を描くことによって階級間での生産と流通の相互の関係が数字で示されている。経済表の最初の形である「原表」では，3つの階級それぞれの個別資本の再生産過程が説明されている。これに対して経済表の説明の手段として用いられるようになった「範式」では，3階級における社会的総資本の再生産過程があらわされている。ケネーはまた，経済表において，

農業のみが純生産物を生むという理由で，農業者階級を生産的階級とみなしている。彼は商工業階級を，純生産物を生み出さないため不生産的階級とみなしているが，しかしこの考えは後にアダム・スミスにより批判される。

「経済表」を書く以前に，ケネーは農業において小農経営から大農経営への転換を提唱していたが，経済表は大農経営が実現した理想に近い農業社会を前提として書かれている。そのため，経済表は現実の経済の問題点を明らかにするための手段としても利用された。

「経済表」で彼は，年前払と原前払という重要な概念を用いているが，前者は生産者が消費する食料品，種子，原料品などであり，後にスミスが用いるようになる流動資本に近いもので，後者は道具，機械，水車，工場などであり，スミスのいう固定資本に通じるものである。ケネーは原前払の大きさは年前払いのおおよそ5倍程度とみなしていた。「原表」の第1版では，生産的階級の年前払は400リーブル，不生産的階級の年前払は200リーブルで，地主の収入は400リーブルとなっていたが第2版ではそれぞれ600，400，600リーブルとなった。生産者階級は年前払と同額の純生産物を生み出し，その純生産物の額は地主に地代として支払われるとされている。その結果，農業者の年前払と地主の受け取る地代は同額となる。また「原表」の純生産物などの数字は800そして2,000リーブルと変化していく。

図2-1は『農業哲学』のなかで示された「原表」であり，純生産物の安全保障，豊かな借地農による大農経営，3つの階級，自由競争，穀物の自由取引による良価などが仮定されている。この表では生産的階級は年前払2,000リーブルで同額の純生産物を生産し，そしてその2,000リーブルは次期地代として支払われることになる。さらに原前払の年償却額1,000リーブルが予定されている。不生産的階級は1,000リーブルの年前払で毎年1,000リーブルの加工品の生産を予定し，純生産物は生み出さないとされている。この表では，最初に地主階級は地代として2,000リーブルを受け取り，1,000リーブルずつを生産的階級と不生産的階級の生産物に支出する。生産的階級は，地主に農産物を売って手に入れた1,000リーブルを年前払として生産に再投入し，1,000リーブルの純

第 2 章 重農主義の経済思想　27

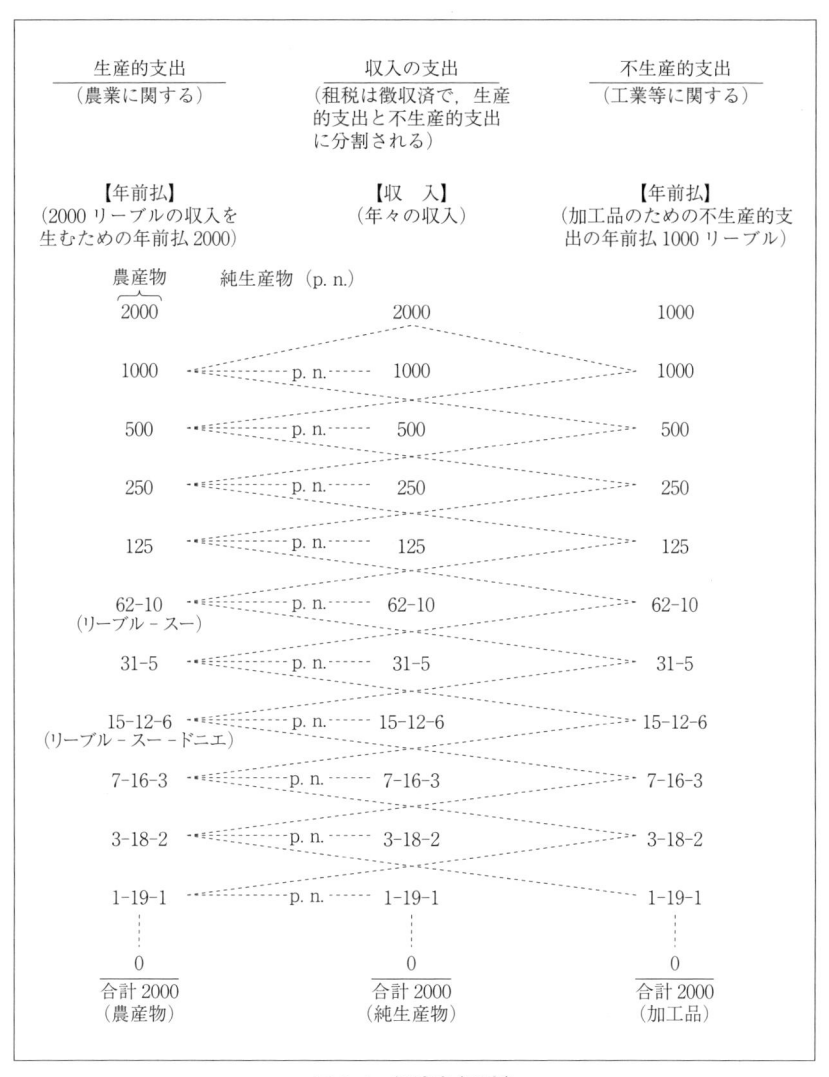

生産的支出 (農業に関する)	収入の支出 (租税は徴収済で，生産的支出と不生産的支出に分割される)	不生産的支出 (工業等に関する)
【年前払】 (2000 リーブルの収入を生むための年前払 2000)	【収　入】 (年々の収入)	【年前払】 (加工品のための不生産的支出の年前払 1,000 リーブル)
農産物　純生産物 (p. n.)		
2000	2000	1000
1000　　p. n.	1000	1000
500　　p. n.	500	500
250　　p. n.	250	250
125　　p. n.	125	125
62-10　　p. n. (リーブル - スー)	62-10	62-10
31-5　　p. n.	31-5	31-5
15-12-6　　p. n. (リーブル - スー - ドニエ)	15-12-6	15-12-6
7-16-3　　p. n.	7-16-3	7-16-3
3-18-2　　p. n.	3-18-2	3-18-2
1-19-1　　p. n.	1-19-1	1-19-1
0	0	0
合計 2000 (農産物)	合計 2000 (純生産物)	合計 2000 (加工品)

図 2-1　経済表 (原表)

再生産総額：収入 2,000。土地が回収する年前払 2,000 リーブルと農業者原前払の利子 1,000 リーブル。合計 5,000 リーブル (ただし徴収ずみ租税と年々の再生産に要する前払とが捨象されている)。

生産物を含む 2,000 リーブルを再生産する。このうち 1,000 リーブルは年末に支払う地代として保留し，残りの 1,000 リーブルのうち 500 リーブルは自らの階級の生産物である農産物の購入に支出し，残りの半分の 500 リーブルは不生産的階級の生産物である加工品の購入に支出されることになる。

これに対して不生産的階級は，地主階級に加工品を販売して手に入れた 1,000 リーブルを生産に再投入して 1,000 リーブルの加工品を生産し，500 リーブルは加工品の消費と年前払の回収のために留保し，残りの 500 リーブルで食料と原料のために農産物を生産的階級から購入する。生産的階級はこの 500 リーブルを年前払として生産に投入し 1,000 リーブルの農産物を生産する。このうち 500 リーブルは地代の支払いのために留保され，残りの 500 リーブルのうち半分は年前払の回収と農産物の購入に回され，残りの 250 リーブルは加工品の購入に支出される。また，最初に不生産的階級が加工品の販売によって生産的階級から受け取った 500 リーブルの半分は年前払のために留保され，残りの半分の 250 リーブルは食料や原料用の農産物の購入に向けられる。この 250 リーブルは生産的階級によって生産に再び投入されて 2 倍の価値の農産物を生産する。同様にして，生産的階級と不生産的階級との間の生産物の取引と再生産は，その取引する金額がゼロになるまで続けられるとされる。

このように原表では，地主階級の地代収入の再生産と生産的階級と不生産的階級の個々の経営者の個別資本の循環過程が示されている。

ケネーが経済表の「原表」を公表した後，その表がむずかしすぎるとの批判が出たため彼は自ら「経済表の分析」(1766 年)を書いて説明を行った。そしてその後ケネーは 1767 年には「原表」の略図もしくは応用図ともいうべき経済表の「範式」をデュポンが編集した『フィジオクラシー』のなかで公表した。

図 2-2 の「範式」では，年々再生産される農産物の価値は 50 億リーブルで，恒常価格のもとで取引され，土地が 1 億 3,000 万アルパン，土地改良費が 120 億リーブル，そして人口が 3,000 万人と想定されている。そしてその他の想定は「原表」の想定と同様である。

「範式」では，最初に生産的階級のもとに 20 億リーブルの貨幣と 50 億リー

第2章　重農主義の経済思想　29

再生産総額　50億

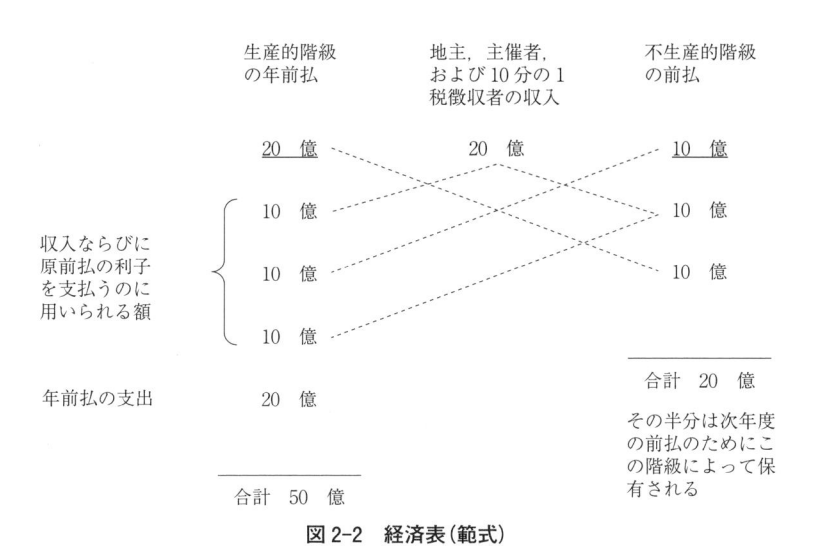

```
            生産的階級      地主, 主催者,         不生産的階級
            の年前払        および10分の1        の前払
                          税徴収者の収入

              20 億 ------- 20 億 ------- 10 億

              10 億 -------              10 億
収入ならびに
原前払の利子   10 億                       10 億
を支払うのに
用いられる額   10 億
                                        ─────────
                                        合計 20 億
年前払の支出  20 億                       その半分は次年度
                                        の前払のためにこ
                                        の階級によって保
                                        有される
            ─────────
            合計 50 億
```

図2-2　経済表（範式）

ブルの農産物がある。また生産的階級には100億リーブルの原前払とその利子10億リーブルが想定されている。不生産的階級のもとには20億リーブルの製造品がある。社会の総生産物は、70億リーブルで流通貨幣は30億リーブルである。

最初に、生産的階級は、地主たちに20億リーブルを支払う。地主階級は、その地代を他の2つの階級に10億ずつ支出して農産物と製造品を購入する。生産的階級は、地主に農産物を販売して手に入れた10億リーブルで不生産的階級から製造品を購入する。不生産的階級は、地主に製造品を販売して手に入れた10億リーブルで生活資料を購入する。そして、生産階級に製造品を販売して得た10億リーブルで、その階級から生産を行うための原料を購入する。結果として1年間で、生産的階級は年前払20億リーブルと原前払10億リーブルの合計30億リーブルを支出して、20億リーブルの純生産物を含む50億リーブルの農産物を再生産している。また、不生産的階級は、原料費である年前

払10億リーブルとこの階級の生活維持費10億リーブルの合計20億リーブルに相当する製造品を再生産している。かくして，同じ規模の再生産と流通が次年度も行われることになる。

経済表の「範式」は，社会的総資本の再生産と流通過程を解剖学的に説明したものとして後にマルクスに高く評価され，彼の再生産表式分析に役立てられたといわれている。また，レオンチェフの投入産出分析（産業連関表）もケネーの経済表にヒントを得ているといわれている。

以上に述べてきたような経済表を書くことによってケネーが強調したかったことは，より多くの資本を農業生産のために振り向け，より効率的な大農経営への転換を進め，農民に課されている税を免除することによって農業部門における資本形成を図り，同時に国内外の穀物取引の自由化によって実現する良価がもたらす農業経営者（借地農）の利益を増やすことであった。彼の考えでは，農業の活性化は地主の地代を増やし，彼の構想する土地の単一税を可能にし，国の財政を改善するものであったからだと思われる。

さらに，経済表においては，富の再生産法則は不変の自然的法則とみなされていた。ケネーも自然法思想家であったが，彼の自然法は自然学的法則と道徳的法則の両面をもち，実定法の基本であり，統治の基礎であった。彼は自然状態を平和な状態とみなし，それは財の自由な取引から導かれると考えていたうえに，富の再生産法則は神の定めた不変の自然法の秩序であるとみなしていた。したがって，主権者の統治は，この秩序から外れることは許されない。この考えは，メルシェ・ド・ラ・リヴィエールらによって受け継がれ，合法的専制主義の傾向をもつに至った。

❹ 重農学派の形成とその影響

フランスにおける重農学派の形成は，ケネーとミラボーの出会いによって始まったといわれている。重農主義の経済思想は，ケネーの「経済表」（1758年）によって体系化されたといえるが，2人の出会いは「経済表」の印刷の1年前

のことである．ケネーは 1756 年に「借地農論」，翌年に「穀物論」を公表し経済学者としてのデビューを果たしていたが，ミラボーは 1757 年，彼の『人間の友』で重農主義の見解を披露して大きな反響を巻き起こしていた．ケネーはミラボーの見解に興味をもち，彼をベルサイユ宮殿に招いて意見を交換した．2 人は，フランス農業衰退の原因をコルベール主義の政策に求める点では合意したが，ケネーはミラボーの，豊富な人口が農業の生産力を向上させるという見解には同意できなかった．この時の会合は物別れに終わったが，その後，ミラボーが自身の考えを変えケネーを師と仰ぐようになった．そして，ミラボーは，彼の発行する『人間の友』の第 4 部(1758 年)以後は，本書をケネーの見解の普及のために役立てようとした．事実ケネーの「人口，農業および商業についての要点の質問」は，本書に匿名で掲載されている．

　ケネーはミラボーを促して『租税理論』(1760 年)を書かせたが，その内容が国王の怒りを買いミラボーは投獄されてしまった．本書はケネーの主張する土地単一税を説いたものであったが，徴税請負制度の廃止の提案が国王の逆鱗に触れたようである．

　次に重農学派の新しい仲間として，1763 年に有能なデュポン・ド・ヌムールが加わった．この時点で重農学派は名実ともに確立されることになる．同年にはミラボーが『農業哲学』を公表し，ケネーの経済表の再度の詳しい解説を行った．さらに重農主義者の活躍もあって 1763 年には穀物取引の自由に関する布告が出され，翌年には穀物輸出の自由に関する布告が出された．その後 1764 年以降，短期間のうちにル・トローヌ，メルシェ・ド・ラ・リヴィエール，そしてボードーが重農学派の仲間に加わった．

　そして，デュポンが 1765 年に 1 年間編集を担当するようになった『農業・商業・財政雑誌』には，ケネーの「金利に関する考察」や「自然権」が掲載された．また，同年にボードーが『市民日誌』を創刊したが，彼が重農学派の一員になってからは同誌は重農学派の機関誌となった．ケネーの「シナの専制政体」(1767 年)やチュルゴーの「富の形成および分配に関する考察」も同誌で公表された．チュルゴーは重農学派のメンバーではなかったが，重農主義の共鳴

者であった。他に重農主義の思想に理解を示していた者のなかには，モルレー，ディドロ，コンディヤック，コンドルセーなどがいた。

　重農学派の活動も，1767年頃になるとケネー以外のメンバーの影響力が大きくなる。メルシェ・ド・ラ・リヴィエールは，「政治的社会の自然的・本質的秩序」を公表し，ケネー以上に自然法思想を教義化して政治的秩序としての合法的専制政体の考えを強調した。また1767年以降，ミラボーの家で「火曜日の会合」が開かれるようになったが，この会合はヴェルサイユ宮殿内の「中2階の会合」での自由な雰囲気とは違って，重農主義の宣伝や教育の性格が強かった。そしてその会合の中心はミラボーであった。

　彼らの合法的専制政体の考えは，ヨーロッパ諸国の君主や貴族には歓迎されたが，重農学派が親しい関係を続けてきた百科全書派との関係を冷却化させていくことになった。そして1770年には，ケネーの忠告などにもかかわらず，ミラボーとボードーによる百科全書派に対する攻撃がなされ，両学派の関係は取り返しのつかない状態になり，この頃から重農学派の評判は急激に下がっていった。このような事態のなかで，フォルボネ，マブリー，ランゲー，百科全書派の人たちは重農学派に対する批判を強めていった。

　1774年には，重農学派の思想をもつチュルゴーが財務大臣に就任し，2年ほどの在任中の間に重農主義的改革を進めたが，彼の努力をもってしても重農学派の復活の助けにはならなかった。ケネーは，1774年には死去している。

　ケネーの重農主義思想および経済学は，イギリスの経済学者たちにも大きな影響を与えた。アダム・スミスを筆頭に，トマス・ロバート・マルサス，ウィリアム・スペンスなどはケネーの影響を受けているということができよう。以下では，ケネーとスミスとの共通点，そしてケネーがスミスに与えた影響に論点を絞って述べてみたい。

　英仏間の7年戦争が終結した直後の1764年，スミスはバックルー侯爵の家庭教師として渡仏し2年半以上をフランスで過ごした。スミスがグラスゴー大学の教授を辞めて渡仏した目的のひとつは，ヴォルテールをはじめとしたフランスの思想家たちと交流することにあったといわれているが，そのなかのひ

りがケネーであった。スミスは，渡仏前に自然法思想に基づいた自由放任思想を確立しており，自分に近い思想を表明していたケネーに興味をもち会いに行ったと思われる。スミスは，帰国後，『国富論』の作成に取り組むが，その際にケネーらとの交流が役立ったものと思われる。とくに，ケネーの経済学の影響が大きかったのは，『国富論』の第2編である。

　スミスは，『国富論』第2編で資本蓄積論を展開している。彼の資本蓄積論は，余剰生産物としての利潤が，浪費ではなく節約によって，不生産的労働者ではなく，より多くの生産的労働者の雇用に振り向けられるならば，富の増加がもたらされるという考えである。この見解は，ケネーの考えを参考にしたといわれている。ケネーは，純生産物の受け取り手である地主の地代が，生産的階級である農業者階級に，不生産的階級である商工業界級よりもより多く支出されるならば純生産物の増加がもたらされるとしていた。

　また，スミスが資本投下の自然的順序の問題を取り扱った際には，そこに重農主義的な側面が色濃く出ている。スミスは，資本を投下する際に，農業への資本投下がもっとも生産的であり，次に製造業，そして商業の順になると考えていた。それゆえに，資本投下の順序も農業，製造業，商業の順にするべきであると述べている。彼はその理由を，農業に投下された資本は製造業よりも，そして製造業に投下された資本は商業よりも多くの生産的労働者を雇用し維持するからと考えていた。スミスはまた，農業においては自然も労働するから農業がもっとも生産的であるとも主張していた。

　『国富論』第4編「経済学の諸体系」において，スミスは「重商主義」と「重農主義」を取り上げ，重商主義思想の全面的批判と重農主義思想の行き過ぎた見解の修正を行っている。彼は，ケネーたちの学説は不完全ではあるが，おそらくこれまでに政治経済学の問題について発表されたもののうちで，もっとも真理に迫ったものであると述べている。

　ケネーの学説のなかでスミスに評価されているものは沢山あるが，そのなかのひとつが富の概念である。それは，重商主義が貨幣や貴金属を富とみなしていたことを批判し，富とは社会の労働によって年々再生産される消費財からな

る，というものである。ケネーが一国の富を増大するために，重商主義の統制や規制を批判し，経済活動の自由を主張していることもスミスの主張と同じである。

一方で，スミスがケネーを批判している点は，彼が農業や採取産業の労働のみが生産的労働と考えていることである。スミスは，富とは年々の労働が生産する生活必需品および便益品であると述べたうえで，農業だけでなく，ケネーが不生産的とみなす製造業および商業の労働も生産的労働であると主張している。さらに，ケネーは農業のみが純生産物を生み出し，それは農業経営者から地主に地代として支払われると考えていたが，スミスは，農業と製造業と商業の労働は共に余剰生産物を生み出し，その正常な形は利潤であるとし，超過利潤としての地代は自然の力による産物であると述べていたことは，両者の見解の相違点をあらわしている。

『国富論』の第4編は，第1章から第8章までを重商主義の思想および政策の批判に充てられているが，重農主義に対しては第9章のみが充てられている。スミスはその理由を，重農主義の学説は世界のどこにおいても，かつてどんな害も与えなかったし，おそらく，これからも決して害になるまいと思われるので，その学説の誤りを詳細に検討する価値がないだろう，と述べている。

● 参考文献
久保田明光（1950）『重農学派経済学』前野書店
ケネー, F. 著，坂田太郎訳（1950）『ケネー「経済表」以前の諸論稿』春秋社
ケネー, F. 著，島津亮二・菱山泉訳（1951-52）『ケネー全集』三分冊有斐閣
小池基之（1986）『ケネー「経済表」再考』みすず書房
越村信三郎（1947）『ケネー経済表研究』東洋経済新報社
坂田太郎・渡辺輝雄編（1974）『わが国における重農主義研究文献目録』勁草書房
菱山泉（1962）『重農学説と「経済表」の研究』有信堂
平田清明（1965）『経済科学の創造』岩波書店
横山正彦（1958）『重農主義分析』岩波書店
渡邊輝男（1961）『創設者の経済学』未来社

第3章

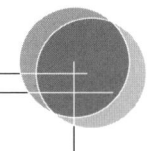

古典学派の経済思想

1 アダム・スミス

(1) 生涯と著作

　アダム・スミス(Smith, A., 1723-90)は，スコットランドのカーコーディで同名の父の次男として生まれた。関税監督官であった父は，スミスの生誕前に亡くなったが，母ダグラスとスミスには生活に困らないほどの遺産を残した。母は再婚せず，息子のスミスも生涯を独身で過ごした。スミスはグラスゴー大学，オックスフォード大学ベイリオル・カレッジで学んだのち，エディンバラで行った公開講座(法学と修辞学)が機縁となって母校グラスゴー大学で教職に就くことになる。スミスは論理学，ついで道徳哲学を担当したが，道徳哲学の講義内容はスミスの社会科学体系を理解するうえで示唆を与えるものである。すなわち，道徳哲学の講義は，① 自然神学，② 倫理学，③ 正義論(公法と私法)および ④ 経済学に相当する内容の，4つから構成されていた。

　スミスの最初の著作『道徳感情論』(1759)は，経済活動を含む人間の行動の是非を，「同感」概念に基づいて論じたものである。スミスはこの著作によって学者としての名声を勝ちえたのみならず，大学を離れて大陸を見聞するチャンスをも得た。スミスは，バックルー侯爵の継父タウンゼンドからグランド・ツアーの随行員に加わるよう要請を受け，それを受諾したのである。英仏間の七年戦争の終結後に大陸へ渡ったスミスは，ヴォルテールや百科全書派の人びと，フィジオクラートと交流をもった。

　バックルー侯爵のグランド・ツアーは，同行していた侯爵の弟キャンベル・スコットが急死したため，中断を余儀なくされ，スミスも帰郷することになる。

帰国後スミスは，大学へ戻ることなく，カーコーディを拠点に静逸な思索と執筆の日々を送った。1767年6月に畏友ヒュームに宛てた書簡のなかで，スミスは，次のように述べている。
　「ここでの私の仕事は研究で，この1か月ばかりのあいだ，とても熱心に打ち込んでいます。私の楽しみは海辺をひとり，長い時間をかけて散歩することです。私の時間の過ごし方について，どうこういってもらってもかまいません。ですが私個人は，きわめて楽しく，心地よく，満足に感じています。ひょっとしたら，こんなことは自分の人生のなかで一度もなかったかもしれません」(フィリップソン，2014：267)。
　故郷での思索のなかで書きつづられたのが『国富論』であった。1773年にスミスは，原稿を仕上げるためにカーコーディを離れてロンドンへ移った。ロンドンでスミスはコーヒーハウスや晩餐会によく足を運んだが，彼の学問的関心を引いたのは時論としてのアメリカ植民地の独立問題であった。『国富論』は，1776年3月9日に刊行されたが，その2年後スミスはスコットランドの関税委員に任命されると，母と従妹とともにカーコーディから終の棲家となるエディンバラのパンミュア・ハウスへ居を移す。税関の業務は，スミスから思索と執筆の時間を奪い，彼は，「文芸のそれぞれの部門である哲学・詩・修辞学に関する一種の哲学的歴史」と「法と統治に関する理論と歴史」を論じた2冊の著書の刊行を断念せざるを得なかった。晩年にスミスはグラスゴー大学の名誉総長に就任し，功なり名遂げた感がある。
　スミスは，経済学の創設者でありながら，また古典派経済学の創設者でもある。スミスは『国富論』のなかで，今日の経済学の区分でいえば，経済理論，経済史，経済政策，財政論を論じた。このこと自体，経済学が問題にすべき領域を示唆した点で『国富論』はまさに古典とよばれるにふさわしい。またスミスが経済学の目的を「国民と主権者の双方をともに富裕にすること」(Smith, 1776：428／Ⅱ，75)と規定し，経済学が本質的に富裕の増進を志向する学問であることを明示した点も忘れてはならない。
　国民の富裕とは物質的な富裕であり，国民一人ひとりが経済活動の成果をど

れだけ多く享受することができるかによって測られる。この国民の富裕化は，スミスの市場経済システムと経済活動の自由への厚い信頼に基づいて語られる。ただし，この自由の追求には，人びとが他者の生命や財産を侵しあうことがない「正義」というルールが必要であることをスミスは見逃さなかった。この正義の維持，すなわち，経済活動の法的基盤を維持するのが「主権者」（≒政府）の任務であるが，これには当然ながら費用を要する。この費用が不十分なときには正義の維持は危うくなり，経済の飛躍的成長は望みがたいものとなる。だが，他面でこの費用を国民が苦にすることなく負担できるのは，一国の経済が成長しているときであろう。スミスにおいて，経済学が二重の意味での富裕化を目的とするゆえんは，この点にある。『国富論』は，経済の領域と統治の領域は分かちがたい相互依存の関係を結んでいるとの認識に支えられている。この認識が議論の前面にあらわれるのは最終第5編においてであり，第1編と2編では国民（≒民間部門）の富裕の増進が論じられている。本節では，スミスの経済思想を富裕の増進論を中心に説明し，併せて古典学派の経済思想に垣間みられる経済学という学問の原像を浮かびあがらせる。

(2) 富裕の増進論

　スミスは，一国民の富裕の増進をどのように論じたのか。この問いに答えるためには，富とは何か，富の増進の担い手はいかなる経済主体か，またどのようなプロセスをへて富は増進するのかなど，一連の問題を考察する必要がある。
　スミスは，貴金属貨幣を重視する重商主義的な富の把握を退けて，富を人間の衣食住にかかわる消費財であると考えた。この消費財の生産には，資本，労働(力)，土地という3つの生産要素が必要であるが，スミスは労働をもっとも重要な要素とみなす。この労働要素は，その質と量の両面から考察され，両者の結びつきのうちに一国における財の豊富な生産が展望される。まず，労働の質にかかわるテーマとして「分業」が取り上げられる。
　分業とは第1に，作業を分割することであり，スミスが最初に着目したのは生産工程の分割，すなわち，技術的分業であった。労働者は各自が専門に受け

もつ作業に特化することで，① 技能を磨くことが可能になるのみならず，② ある作業から別の作業へ移る際の時間的ロスを省くこともでき，さらには，③ 機械の発明が促される。他方で分業は，第2に生業の分化，すなわち，社会的分業として語られる。スミスは，このような分業へと人びとを駆り立てる原因を分業の利益を見通した「人間の知恵」ではなく，人間に内在する交換性向に求め，またこの交換性向の存在をもって人間を他の動物と分かつ特徴とみなしている。このような議論は，検討の余地を残すものである。だが，重要なのは，スミスの分業論のなかで，人間は個々独立には自己の欲望を充足し得ない不完全な存在であり，したがってまたその不完全さから「文明社会」＝分業社会の存立理由が明かされた点である。

「文明社会では，人間はつねに多くの人たちの協力と援助を必要としている。……だが，その助けを仲間の博愛心にのみ期待してみても無駄である。むしろそれよりも彼が自分に有利になるように仲間の自愛心を刺激することができ，また彼が仲間に求めていることを仲間が彼のためにすることが仲間自身の利益にもなるということを，仲間に示すことができるのであれば，その方がずっと目的を達成しやすい」(Smith, 1776：26／Ⅰ，25-26)

上記の引用文は，自愛心を博愛心と対比することで自愛心が経済行動に占める重要な位置を明示している点で注目すべきものである。さらに言語コミュニケーションという論点――財の交換を行う者どうしが駆使する言語による説得――が窺われる点でも興味深いものである。

さて，労働要素は，第2にその量の側面から論じられる。スミスは一国の労働人口を，彼が富と考える消費財の生産に携わる「生産的労働者」とそうではない「不生産的労働者」に区分する。生産的労働者は富の生産の担い手であるが，独立生産者ではなく，資本家に雇用されて資本家に利潤をもたらす。これに対して不生産的労働者は，いわゆるサービス労働者である。このように労働者を2つに区分したうえで，スミスは一国の労働人口のうちで生産的労働者が占める比率が高まることを経済成長の第2の条件とした。

生産的労働者は，先に指摘したように，独立生産者ではなく，資本家のもと

で雇用される存在である。また，スミスは「多数の労働者を雇用する資本の所有者は，自分の利益のために，可能な限り最大量の製品を生産できるように，仕事の適切な分割と配分を行おうと必然的に努力する」(Smith, 1776：104／Ⅰ, 147)と述べている。このように，実は労働の質と量の両面にかかわる議論は，労働者を雇用するための資本の存在を前提にして語られている。そうであるならば，スミスは資本をどのように捉えていたのかが次に問われなければならない。

　スミスによれば，「資本」とは財の総量である「ストック」のうち，直接の消費に充てられる部分を除いたものであり，なおかつ，新たな利潤をもたらす部分である。さらに，この資本は，次の2つに区分される。第1は所有者を変えることなく，利潤をもたらす資本，すなわち，「固定資本」であり，機械，建物を含めた事業用の用具，土地改良の成果，「習熟した技能」(≒人的資本)などがその内容をなす。第2は所有者を変えることで利潤をもたらす資本であり，「流動資本」とよばれる。これは，生産者の手もとに留まっている食料，原材料，完成品およびこれらの3つを流通させる貨幣から構成される。スミスの資本に関する2つの区分は，ケネーが「経済表」において示した「原前払い」と「年前払い」にそれぞれ対応するものである。スミスは，以上のように資本を区分したあと，資本の補填という論点を明示することにより，貯蓄の可能性を次のように説く。

　「大きな国の全住民の総収入には，彼らの土地と労働の年々の生産物のすべてが含まれる。純収入には，第1に彼らの固定資本の，第2に彼らの流動資本の，維持費を差し引いたあとに手もとに残り，自由に処分できるものが含まれる」(Smith, 1776：286／Ⅰ, 437)。

　こうして剰余の存在を確認したスミスは，その好ましい処分の仕方を次のように説く。すなわち，浪費(≒消費)を抑制することで貯蓄を増やし，それを新たに投資することで生産の増大を図るという処分の仕方である。ここで看過してならないのは，先に述べたように，スミスの場合，投資の内容としては機械をはじめとする生産設備の拡充よりも生産的労働者の雇用の増加が重視されている点である。

「人は，自分の収入のなかから貯蓄するすべてを自分の資本に追加し，またそれを生産的労働者の追加数を維持するのに用いるか，あるいはそれを利子と引き換えに，すなわち，相手の利潤の一部と引き換えに他人に貸し付けて，その人が資本を活用することができるようにする」(Smith, 1776：337／Ⅰ，528)。

スミスにおいては，富は消費財である以上，生産的労働者の雇用の増加は全労働力人口の変動を捨象すれば，不生産的労働者の生産的労働者への転換を意味することになる。では，このような労働力の配置転換を可能にする新たな投資へと人を誘うものは何なのか。「目前のものを享受したいという情念」には確かに抑制しがたいものがあるとはいえ，長続きするものではない。これに対して貯蓄心は生活水準を向上させたいという願望に根ざしており，浪費（≒消費）の情念に比して穏やかで冷静なものである。スミスはさらに，このような貯蓄心について，「われわれが母親の胎内から生まれでて墓場に入るまで，われわれから決して離れることがない欲求である」と指摘する一方，「金を使おうとする本能」に対する「節約の本能」の優位を説く。このようにスミスは，人間一般に将来の富裕を見通した，現在の消費の抑制への志向性を認めている。また，先の生産的労働者の雇用を説いた引用文から明らかなように，スミスにおいては，すでに貯蓄形成の主体と資本使用の主体の機能的な分離は捉えられている。それでもなお，スミスは，労働者でも地主でもない，いわば資本家（的企業者）とよばれるべき「雇主」を経済成長の担い手として特定した。スミスが「節約家は公共社会の恩人である」と述べるとき，彼が念頭に置いたのは貯蓄に励み，多数の生産的労働者の雇用を図るべく有利な投資先を模索する資本家像であった。

スミスの経済成長論において興味深く，また今日の議論からすれば違和感を覚えるのは，スミスが資本家にとって有利な投資先の順序を議論している点である。たとえば，農業は他の産業では望みえない自然の助力を得られるがゆえに，もっとも有利な投資先である。有利な投資は，《農業⇒工業⇒商業（国内取引⇒外国貿易）》の降順にて示される。この順序論は生産的労働者の雇用量，したがってまた付加価値の大きさが産業部門間で異なるとの前提に基づいてい

る。農業がもっとも大きな付加価値を生むという想定には重農主義の影響を認めることができる反面，この想定から農業余剰を起点とするヒュームの農工分業論と類似の，産業と市場の自生的な発展論を跡づけることができる。スミスの認識では，基礎的消費財の生産を担う農業における生産力の増大が都市の勃興を促す。ついで農業と工業——農村と都市——を媒介する国内商業が地域市場と統一的な国内市場の形成を担う。さらに外国貿易は国内市場における需要の飽和状態を解決する，いわば余剰のはけ口として要請される。このように外国貿易が産業と市場の自生的な発展論の最終段階に位置づけられている点に，スミスの重商主義に対する批判を読みとることができる。

(3) 政府のアジェンダとノンアジェンダ

　スミスの富裕の増進論，すなわち，経済成長論は労働を質と量の両面から考察する分業論と生産的労働論を両軸とし，さらにこの2つの議論は貯蓄の形成論と資本の投下論によって補完されるものであった。だが，このような富裕の増進は，政治権力によって歪められはしないのか。スミスによれば，富裕の増進は，政府による経済への介入を基本的に認めない「自然的自由のシステム」のもとにおいてこそ可能となる。この「自然的自由のシステム」は，重商主義に代表される「特恵あるいは制限を行ういっさいのシステム」を廃棄したうえで確立される経済的自由主義のスミスなりの表現であった。また，スミスの有名な「みえざる手」という表現は，私益を最大化しようとする個々人の投資行動が社会全体の公益を促進するという文脈で使用されており，ここでも政府の経済への介入に対するスミスの疑念には拭いがたいものがある。

　ただし，スミスの経済的自由主義は野放図な私益の追求とは相いれないものである。すでに指摘したように，私益の追求は「正義」というルールを必要とする。「主権者」(≒政府)が果たすべき3つの義務のうち，2つはこの正義に関するものである。第1は「自分の国を他の独立社会の暴力と侵略に対して防衛する義務」であり，第2は「社会の成員一人ひとりを，他の成員の不正や抑圧からできる限り保護する義務」である。このように政府はまず，国の内外にお

いて経済活動の法的基盤を維持することに努めなければならない。

「商業や製造業は，正規の司法行政が行われず，国民が自分の財産の所有について不安を感じ，契約の信義が法律によって保障されず，国家の権威が，支払能力のあるすべての人びとに，債務の支払いを強制するよう，つねに正しく行使されるものと考えられていない国家では，久しく栄えることはとうていありえない」(Smith, 1776：910／Ⅲ，374)。

くわえて，スミスは第3に「ある種の公共土木事業を起こし，公共施設をつくり，またこれらを維持する義務」をあげる。この第3の義務に関しては，分業社会では労働者は分業が進展するにつれて多面的能力の発展の余地を奪われ，判断力が萎縮するというスミスに認識に基づいて，それを緩和するための公教育の意義も説かれている。

以上のように，「自然的自由のシステム」のもとでは，政府がなすべきこと＝アジェンダは3つ（防衛・司法行政・公共事業）に限られる。しかし，なぜこのように政府のアジェンダは3つに限られなければならないのか。スミスはこの問題を，政府がなしてはならないこと，つまり，ノンアジェンダについて議論することによって明らかにした。以下では，このノンアジェンダの議論を取り上げるために，スミスの自然価格論を一瞥する。経済思想の学びにおいてもある種の迂回は理解を深める鍵を提供するはずである。

スミスの自然価格論は，シュンペーターが指摘したように，長期の均衡価格論としての性格を持つ(Schumpeter, 1954：308-309／上，558-559)。カンティロンの萌芽的な価格論は，スミスによって，市場価格が「中心価格」としての自然価格へ絶えず接近するメカニズムとして彫琢されたといってよい。スミスは，ある商品の生産に必要な3つの生産要素について「自然率」(＝平均的要素報酬率)を想定し，これに基づいて過不足なく支払う価格を自然価格と規定する。他方で市場価格とは，「自然価格を支払う意思のある人びとの需要」，すなわち，「有効需要」と商品の供給量との関係によって決まる価格である。

いま仮に供給量が有効需要を超えて，市場価格が自然価格以下にある場合，報酬が自然率以下の要素所有者は，その利己心に基づいて生産要素を別の産業

へ移動させるはずである。その結果，減少する供給量と有効需要との関係から市場価格は中心価格としての自然価格の水準へ向かう。また，供給量が有効需要に満たない場合にも，同様にして，市場価格の自然価格水準への接近プロセスを確認することができる。このような自然価格は，スミスによれば，生産者にとって長期的な売れ行きが期待可能な「最低価格」でありながら，他方で消費者にとってはもっとも安価な価格である。ところが，政府が一部の産業に独占を認めてその産業の生産物の高価格を維持する場合，本来であれば，その産業では利用されるはずのない生産要素を過剰に引きつけてしまう結果，資源配分の効率は歪められることになる。したがって，政府は，そのような結果を招く介入を，いいかえれば，重商主義のみえる手を市場へ差し伸べることを控えなければならない。スミスは，このように生産者と消費者の利害が一致する自然価格の議論を援用することで，政府のノンアジェンダを示したのである。

　ところで，以上のように，スミスによって介入主義の立場は否定されるとはいえ，「自然的自由のシステム」のもとでの，政府の3つの活動に要するコストはどのようにして負担されるべきなのか。スミスは国民経済にとっての租税の負担の不可避を認めつつ，経済成長を可能な限り阻害しないような租税は4つの原則──①公平，②明確，③納税の便宜，④徴税費の最小化──に基づくべきであると説いている。租税を各個人にとっての負担と捉える限り，①の原則は4原則のなかでもっとも重要な位置を占めるが，負担の内容をめぐっては，スミス自身が納税者の担税力に比例する負担と納税者が享受する利益に比例する負担の双方に言及しているため，租税思想史上の争点となっている。②の原則は，租税の支払いの時期・方法・金額については恣意性を排除し，簡単かつ明瞭を旨とすべきとするものである。③の原則は納税者にとってもっとも好都合な時期と方法を考慮して租税を徴収すべきとするものである。④の原則については，文字どおりの徴税費の最小化という内容に加えて，スミスは，租税によって国民の勤労へのインセンティブが妨げられるケースに論及している。すなわち，国民に多くの雇用をもたらす成長部門への課税は，その部門の活力を殺ぎ，結果的に有望な財源を減少させることになる。以上のような

租税原則論の背景には，次のようなスミスの租税観があることに留意する必要がある。

「あらゆる税はその納税者にとって奴隷の印ではなく，自由の印である。確かに税は，その人が統治に服していることを示すが，また幾らかの財産を持っているのであるから，彼自身が自分以外のある主人の財産であるはずがないということも示す」(Smith, 1776：857／Ⅲ，275-276)

上記の引用文は，スミスが人頭税の問題に触れて記した箇所からのものである。スミスは，他人の財産として所有される奴隷にかけられる人頭税は，奴隷本人ではなく別の人間（奴隷所有者）が負担するのに対し，自由人にかけられる人頭税は本人によって負担されると説く。スミスが，租税の転嫁——租税の実質的な負担の帰結——の問題とは別に，租税は利潤，賃金，地代——資本家にとっての資本，労働者にとっての労働（力），地主にとっての土地という各種の生産要素の対価——によって負担されると主張するとき，スミスは分業社会が自由人によって構成されていることを確認していたのである。それが形式的な自由の確認であり，したがって経済的な不平等とそれに基づく従属関係が存在するとしても，スミスは，その不平等以上に「人民の最下層にまで広がる普遍的富裕」に期待を寄せた。この普遍的な富裕の増進論は，彼の租税原則論から窺われるように，政府の維持費を経済成長を可能な限り阻害しないように調達する租税と貯蓄（＝投資）のバランス論をもって完結する。

2 トマス・ロバート・マルサス

(1) 生涯と著作

トマス・ロバート・マルサス(Malthus, T. R., 1766-1834)は，イングランドのサリー州で父ダニエルの次男として生まれた。父ダニエルは資産の果実で生活できる経済的余裕を持ち，世事の煩わしさから離れて旅行や文学，園芸などに親しんだ。またダニエルはルソーに傾倒し，彼と書簡を交わす仲であった。マルサスは，非国教徒系のウォリントン学院や急進思想の持ち主であったウェイ

クフィールドの私塾で学んだのち，ケンブリッジ大学ジーザス・カレッジへ入学した。1788年に同カレッジを卒業すると，翌年オークウッド(サリー州ウットン教区)の教会の牧師補に任命され，1794年にはジーザス・カレッジのフェローとなった。

1798年に，マルサスは，『人口論』を匿名で刊行した。そのサブタイトル──「ゴドウィン氏，コンドルセ氏，その他の著作家たちの見解を論評しつつ，人口原理が社会の将来の改善に対して及ぼす影響を論じる」──から窺われるように，初版は論争的性格が濃厚であった。さらにマルサスは，北欧やフランス，スイスへの旅行によって得られた知見や資料を踏まえて『人口論』の改訂版を1803年に刊行した。1805年には，マルサスは東インド・カレッジの教授に任命され，歴史と経済学を講じることになる。この東インド・カレッジは，東インド会社の幹部社員を養成すべく設立された教育機関であった。経済学の制度化という視点からみるならば，マルサスがイギリスで最初期の経済学教授であったことは注目に値する(プレン，1994：22)。

リカードウとの交友は，1811年からはじまる。両者は，理論上はとくに価値論において，また政策上は穀物輸入自由化論で見解を異にしたにもかかわらず，終生固い友情で結ばれていた。このリカードウやフランス人セーとの論争のなかから生み出されたのが1820年に刊行された『経済学原理』である(第2版はマルサスの死後1836年に刊行)。ケインズはのちに，イギリス経済思想の主流を回顧して，「もしかりにリカードウではなくマルサスが，19世紀の経済学がそこから発した根幹をなしてさえいたならば，今日世界はなんとはるかに賢明な，富裕な場所になっていたことであろうか」(ケインズ，1980：136)と述べている。ケインズが指摘したように，マルサスは古典派の主流を占めたわけではない。古典派の議論が総じて供給サイドの問題に傾斜しがちであったのに対し，マルサスは『経済学原理』のなかで「販路説」を批判し，需要サイドを重視する経済学を構想した。マルサスは人口論という古典派の共有財産の形成者でありながら，他方では販路説に批判的であった限りにおいて古典派内部の異端でもあった。

(2) 人口思想

　生産の主体が人間であり，また生産の究極の目的が各個人の自己保存のための消費である以上，経済学は人口問題を避けてはとおれない。すでに重商主義の経済思想のなかには，安価な労働力のみならず，軍隊の担い手として人口の増加を希求する「ポピュレーショニズム」とよばれる議論がみられる。他方では，人口を富裕の原因とみるこの議論に対して，重農主義のケネーは次のように反論している。

　「若干の浅薄な精神の持主たちは，一国の巨大な富は人間が多いことによって獲得されるものと思い込んでいる。だが，こうした見解は，彼らが次のことを忘れていることから生じる。すなわち，それは，人間が富を得て永続させることができるのは，ただもっぱら富そのものによってであり，また人間と富とのあいだに適当な比率が存続する限りにおいてのみであるということである」(Quesnay, 1767：264-265／270)。

　ケネーは，人口を扶養する富の大きさに着目する。ケネーにとっては，人口の絶対的大きさではなく，人間と富とのあいだの適当な比率，すなわち，スミスが指摘するように国民一人あたりの消費可能な富の大きさこそが問題であった。また第1章で触れたように，ペティにおいては秩序が保たれた一国の内部に質が高く，勤勉な人口がどれだけ存在するのかが国富の増進を左右する要因として把握されていた。このように人口は富の増進を論じる者たちの関心を集めてきたテーマであったが，マルサスは『人口論』初版のなかでどのような人口思想を展開したのであろうか。

　マルサスは，最初に2つの公準を提示する。すなわち，第1公準は食料は人間の生存に不可欠であるということ，第2公準は両性間の「情欲」は必然で将来も現状のままであろうということである。ついでマルサスは，「人口の力は人間のために生活資料を生産する土地の力よりも，かぎりなく大きい」という人口に関する彼の基本認識を示す。この人口の増加力と生活資料（≒食料）の増加力とのアンバランスは，2つの数列のあいだの差として示される。人口は，制限されなければ，等比数列的に増加するのに対し，食料は等差数列的にしか

増大しないが，このようなアンバランスは，実は生命一般にみられるものである。

「動植物の諸王国のすみずみまで，自然は生命の種子をもっとも気前がよい手，寛大な手でまき散らしてきた。自然は，生命の種子に比してそれを育てるのに必要な空間と養分の方は出し惜しんできた。地上のこの僅かな場所にある生命の芽は，豊富な食料とその芽が伸びゆく広大な土地があれば，数千年の時をへて数百万もの世界をふさぐほどに満ち溢れるであろう。必然，すなわち，すべてを支配する厳粛な自然の法則は，生命の芽をあらかじめ定められた限界内に制限する」(Malthus, 1798：9／24)。

人間以外の動植物の場合，個体数の増加は「空間」と「養分」の不足によって，「種子の浪費」，「病気」，「早死」というかたちで制限をうける。人間の場合にも第1公準から，人口の増加力と食料の増加力とのあいだのアンバランスの解消が問題となる。マルサスによれば，その解消は「困窮」と「悪徳」というかたちをとる。この2つは，人口が持つ等比数列的な増加力に対する「制限」を意味する。この制限は，出生率の低下と死亡率の上昇の，いずれかにかかわる。家族を扶養することの困難を予見して独身を選択し，子どもをもうけようとしない「予防的制限」は出生率の低下にかかわるものであるが，この制限には不健全な性交渉をはじめとする一連の悪徳が伴いがちである。また，栄養の不十分な摂取や劣悪な生活環境のために人命が失われる「積極的制限」は死亡率の上昇にかかわる。この制限は，困窮のゆえに下層民においてとくに顕在化するが，マルサスがこの制限について，生命を維持するのに必要な食料とケアに事欠く，「貧民の子どもの死亡率の高さ」を問題にした点は注目されてよい。

マルサスの人口論の理論的内容は，以上のように整理することができる。だが，彼の人口論の特質はその理論的内容を踏まえた，思想と制度の両面にわたる実践的批判のうちに窺われる。先に述べたように，『人口論』初版のサブタイトルでは，ゴドウィンとコンドルセという思想家の主張を批判的に検討することが明記されていた。マルサスは，コンドルセがフランス革命の熱狂のもとで理性の万能を信じ，富裕化と医薬の進歩を楽観視して，「人間を堕落させる

二大原因」である「貧困」と「過度の富」の解消を説いている点に注目した。マルサスの認識では，コンドルセのこのような思想は，革命当時の多くの知識人層の考え方に通じるものを持つ。また，マルサスにとっては，ゴドウィンの議論もコンドルセと同じく，理性への過信に基づいて貧困や犯罪といった社会的悪弊の消滅を期待する類のものであった。

　「ゴドウィン氏が彼の著作の全体で冒している大きな誤りは，市民社会でみられるほとんどすべての悪徳と貧困の原因を人間の制度に求めていることである。政治的規制と既存の所有制度は，ゴドウィンの見解によれば，あらゆる悪が出現する豊饒な源泉であり，人類を堕落させるあらゆる犯罪の温床である。これが本当ならば，この世界から完全に悪を取り除くことは，達成の見込みのない仕事ではないように思われるであろう。また，理性はそれだけ偉大な目的を達成するための，適切かつ十分な道具となるであろう」(Malthus, 1798：65／111)。

　社会の悪徳や貧困は既存の政治システムの不正に由来すると説くゴドウィンは，その暴力によらない廃絶と平等社会の構築を希求する。マルサスは，ゴドウィンが描く理想の平等社会，すなわち，「利己心のかわりに慈愛を原動力とし，またメンバー全員のあらゆる邪悪な性向が暴力によってではなく理性によって正されている」社会(Malthus, 1798：65／125)が実現したと仮定し，果たしてその平等社会は存続可能なのかと問題を提起する。この平等社会では，奢侈品を生産する労働はなくなり，農業労働はメンバー全員によって分担される。また，「公平な精神に導かれた慈愛の精神」(Malthus, 1798：67／113)によって，生産物はこの平等社会のすべてのメンバーにその要求に応じて配分される。男女の交際は自由で，女性が生む子どもの数や子どもの親が誰であるかは問題にならず，子どもの養育に必要なものは男性が皆で各自の能力に応じて負担しあう。マルサスの認識では，子どもの養育への不安が払拭されるので，「予防的制限」はほとんど作用せず，人口の増加が促される。他方で，食料の増産の可能性を認めたとしても，人口の増加には及ばない。人口と食料の増加率のアンバランスは，自然法則として，この平等社会をも厳然と支配するからである。マルサス

は，平等社会の変貌を次のように説く。
「想像上のこの美しい組織は，真理との冷酷な接触によって雲散霧消する。豊かさによって育まれ，鼓舞された慈愛の精神は，欠乏の背筋を寒くするような溜息により，押さえつけられる。消滅した憎むべき情念がふたたびあらわれる。自己保存の強力な法則は，精神のなかの，それよりも柔和で気高いすべての感情を払いのける。悪に走る誘惑はあまりにも強く，人間の本性はそれに抗い難い。穀物は成熟をみずしてむしり取られ，あるいは秘匿されてその分け前は不公平なものとなり，それゆえ，一連の黒い悪徳が即座に創造されるが，これらの悪徳はすべて虚偽に属する」(Malthus, 1798：69／117)。
こうして「切迫した欠乏」が数々の違法行為を誘発し，平等社会は混乱に陥らざるをえなくなる。混乱を回避するため，平等社会は「財産の安全」を保障する私的所有のシステムを復活させ，「財産所有者階級と労働者階級に二分される社会」へと移行する。
以上のような平等社会論への批判は，当時のイギリスにおける救貧行政の問題点への批判と重なる。イギリスでは，エンクロージャーによって土地との慣習的な結びつきを絶たれた農民は，農業あるいは製造業の別を問わず，新たに賃金労働者として資本家のもとで働くことを余儀なくされた。しかし，すべての者に雇用の機会が開かれていたわけではない。もちろんエンクロージャーだけが未就業の労働者群を生み出した原因ではなく，農村の地縁社会や都市のギルド社会における慣習的絆の弛緩，さらには技術革新等も考慮する必要がある。いずれにせよ，イギリスでは，浮浪者等の貧民が増加するにつれて貧民対策は秩序の維持の観点から為政者の課題となったのである。イギリスにおける公的な貧民対策の枠組みは，研究史上「エリザベス救貧法」とよばれる1601年法によって整備された。貧民対策は，教会行政上の単位を踏襲した教区ごとに実施され，貧民監督官が教区委員とともに救貧税の徴収とそれを原資とする貧民対策の責を担った。具体的な貧民対策は以下の3つに要約することができる。① 働くことができる貧民には生産手段を提供して就労を強制し，就労を拒否する者については懲罰を課す。② 身体的理由から働くことが困難で親族の援

助も受けられない貧民は，救貧院へ入所させるなどして生活を支援する。③親族が養育できない児童については，徒弟就業を強制する（高島，1995：26-31）。

　マルサスは，以上のような救貧行政について，そのコスト（＝救貧税の徴収額）が巨額であるにもかかわらず，貧民の境遇が改善されていないことが人びとの関心を集めていると指摘する。マルサスにとっては，救貧行政は貧困の軽減ではなく，貧困の拡散という悪しき結果をもたらしているものであった。先にみたように，平等社会では家族を養うことへの不安がなくなるため，婚姻と出生による家族規模の拡大が促されるとマルサスは批判していた。マルサスによれば，救貧行政もまた貧者に対して，いわば生活の保障を与えることによって平等社会において予想されるのと同様に「予防的制限」の作用する余地を狭め，結果的に人口の増加を促すことになる。他方で，この救貧行政によって貧民に与えられる「想像上の富」は貧民の怠惰を誘発する。救貧行政は人口の増加にはプラスの影響を及ぼすが，生産にはむしろマイナスの影響を及ぼすにすぎないため，マルサスが説く自然法則の作用をより強めている点で，すなわち，人口の増加力と生活資料（≒食料）の増加力とのアンバランスを拡大している点で問題を抱えたものであった。救貧行政は支援をうける貧者の生活をある程度は改善するとしても，生産の著しい増加を望み得ない状況では，生活資料の価格の騰貴を通じて「教区の援助をうけない人びと」あるいは「救貧院の外にいる人びと」の生活水準の低下を招き，彼らを救貧行政に依存する貧民層へと陥れることになる。

　「一見奇妙に思われるものの，私が真実であると思うのは，貨幣によって一人の貧者を引きあげて以前よりも良い生活を送れるようにするには，彼と同じ階級に属する他の者たちをその分だけ押しさげてその生活を苦しいものにせざるをえないということである」（Malthus, 1798：31／59）。

　以上のように，マルサスは，自然法則として捉えられた人口と生活資料の増加率のアンバランス論に基づいて貧困の問題を論じたが，マルサスは貧しい労働者層が自己の境遇を改善するための方策として，悪徳を伴わない予防的制限に期待を寄せた。『人口論』2版では，単なる婚姻の抑制ではなく，将来の婚

姻と家族を持つのにふさわしい経済的自立のための環境を整えつつ，性的な不品行を自制する「道徳的抑制」が強調されるようになる。なお，のちにJ. S. ミルは，「適度な人口の制限が労働階級の唯一の護りである」(Mill, 1848：351／二，302)との認識から，マルサスと同じく，労働者の主体的な人口の抑制を説いた。ただし，ミルはマルサスとは異なり，プレースが『人口原理の説明および証明』(1822)のなかで提起した産児制限論に同調した(杉原，2003：292, 295-296)。産児制限は，マルサスの道徳的抑制とはかけ離れた人口抑制の手法であるが，学説史上，「新マルサス主義」とよばれている。

　ミルの人口抑制論は，賃金の大きさを，労働供給を規定する労働人口と労働需要を規定する資本との関係から説明する賃金基金説によって裏づけられている。これに対して，のちに古典派人口思想を批判したマルクスは，人口問題を明確に雇用の問題として，人口過剰を相対的な労働人口の過剰として捉える視点を打ちだした。マルクスによれば，資本は，機械などの生産手段の部分からなる「不変資本 c」と賃金部分からなる「可変資本 v」に区分される。資本家の経営規模の拡大は，厳しい市場競争のもとで，新しい生産方法の導入を含めた機械化を伴わざるを得ないが，これは価値構成の側面からみれば，c に対する v の相対的な減少――「資本の有機的構成の高度化」――を意味する。労働需要は v によって規定されるから，マルクスにとって過剰人口とは，この高度化の進展のなかで把握されるべき失業者群であった。また，この過剰人口は，景気の変動に応じて雇用と離職を余儀なくされると同時に，資本家の経営規模の拡大に即応するよう，つねに雇用の待機状態を強いられているという意味で「相対的過剰人口」であり，マルクスはこのような労働者群を「産業予備軍」といいかえている。マルクスによれば，「マルサスは，その偏狭な考え方によって，過剰人口を労働者人口の絶対的な過度増殖から説明しており，労働者人口の相対的な過剰化からは説明していない」(マルクス，1968：第1巻第2分冊，826)点で批判されるべきものであった。経済システムが異なれば，それに応じた人口法則が存在すると考えるマルクスにおいては，相対的過剰人口論こそが「資本主義的生産様式に特有な人口法則」(マルクス，1968：第1巻第2分冊，821)であ

った。

(3) 一般的過剰生産論と不生産的消費者

　富の増進，すなわち，経済成長を論じる場合，スミスやリカードウ，セーは供給サイドを重視した。古典派経済思想の基本認識のひとつは，「生産物に対して販路を拓くのは生産である」というセーの言説(Say, 1841：138／上，299)によって明示された「販路説」である。この認識はまた，スミスにおいて明らかなように，安価な政府論と結びつくことで市場経済への信頼に支えられた経済成長への楽観的な展望を生みだすものであった。民間部門における「節約」に基づく投資こそが富を増進させる生産的労働者の雇用増を可能にする。このような意味で，経済成長の担い手は「節約」を行う資本家であった。また，スミスによれば，政府のアジェンダは基本的に私有財産秩序の維持と，民間部門に任せた場合には供給が過少とならざるをえない公共財の供給に限られた。したがって，スミスには公共事業を経済の安定と成長の手段と捉える発想はなかった。

　しかし，たとえば，ペティは『租税貢納論』のなかで土木事業を失業者対策として位置づけて，公共支出の有用性を認めていた。また，ケネーの場合には，地主の消費支出は「経済表」における経済循環の起点であり，さらにその消費支出の配分の変更は経済の再生産の軌道を左右するものであった。興味深いことに，マルサスは，古典派の一員でありながら，地主の消費支出と公共支出を富の増進のための不可欠な要素とみなした。マルサスは，販路説の批判者であった限りにおいて古典派の異端であったが，以下では，彼の販路説批判と「不生産的消費者」を重視する富の増進論を説明する。

　マルサスによれば，リカードウやセーなどの販路説の支持者たちは次の3つの難点を抱えており，それゆえ，需要サイドの要因を等閑視する経済成長観は妥当性を欠くことになる。すなわち，① 販路説の支持者たちは消費者の欲求との関連で財を考察すべきであるにもかかわらず，財相互の関係をいわば数字や符号として捉えている。② 彼らは，奢侈品や便宜品に対する嗜好の増加が

生産の増加に比して緩慢である点を看過している。③ 彼らは，「貯蓄を目的とする人びとによって雇用される労働者の消費が生産物の継続的増大を奨励するほどに商品の有効需要を創造するであろう」(Malthus, 1836：259／下，198)と考えている。

　マルサスの認識では，確かに肥沃な土地の利用および労働節約的な機械の導入，さらにこれらを可能にする「節約」(⇒貯蓄＝投資)は，スミス以来の古典派の人びとが説いたように，生産力の増大の要因ではある。だが，マルサスは資本家の「蓄積に対する過度の情熱」(Malthus, 1836：262／下，205)が孕む問題性の方に着目した。すなわち，過剰な節約は，社会の構造と習慣によって規定された消費を超過する生産の増大をもたらす結果，富の増進にとってマイナスの影響を及ぼす。では，なぜこのような生産と消費のアンバランスが生じるのか。資本家は購買力を有しているものの，本来，生産的労働者の雇用増は消費に向けられる購買力の削減を前提とするから，資本家に消費の増加を期待することはできない。また，総労働人口が一定という想定のもとでは，生産的労働者の雇用の増加は不生産的労働者の雇用の転換を意味するにすぎず，したがって労働者全体の購買力は増加しない。こうして資本家の貯蓄分だけ需要が減少し，またその需要の減少分の埋め合わせを労働者にも期待できない以上，増加した生産的労働者によって生産される財は販路を見出せなくなる。セーやリカードウが「特定の財の過剰生産」を認めることで販路説の妥当性を主張したのに対して，マルサスは「異常な分量のあらゆる種類の財」が販路を見出せない事態，すなわち，「一般的過剰生産」を説くことで販路説を否定したのである。

　マルサスの以上の議論から窺われるのは，不況の永続性への彼の強い懸念である。しかし，それと同時にマルサスが示したのは，「節約」(⇒貯蓄＝投資)は過度でも過少でもあってはならず，最適な貯蓄率というべきもの，あるいは「富の継続的増大にもっとも大きな奨励を与える，生産的労働者と個人的サービスに従事する者とのあいだの比例」(Malthus, 1836：318／下，350)が存在するという着想であった。マルサスの次の言明は，彼の人口思想のみならず，経済思想もまたバランスの認識に支えられていることを示すものである。

「消費が生産を超過するならば，その国の資本は減らされるはずであり，またその富はその生産力が不足するので徐々に破壊されるはずである。生産が消費を大きく超過するならば，主な購買手段を持つ者の有効需要が不足するので，蓄積と生産へと駆り立てる誘因はなくなるはずである。この両極端は明白であるから，ある中間点が存在するに違いないが，経済学の力ではそれを確定することはできない。その中間点では，生産力と消費しようする意思の両方を考慮すると，富の増加に対する奨励はもっとも大きい」(Malthus, 1836：9／上，22)

リカードウやセーなどの同時代人の古典派の人びとに比して，マルサスの経済思想を特異なものにしているのは，この生産と消費のバランスの認識だけではない。マルサスは彼らとは異なり，「不生産的消費者」とよばれる人びとの存在意義を経済の安定と成長の視点から明らかにした。不生産的消費者とは，スミスが「不生産的労働者」とよんだ人びと——行政サービスの提供者や医師，聖職者，年金受給者，金利生活者など——および地主のことである。とくに地主に対してマルサスは，不生産的消費者である家事使用人を多く雇用することで財の供給能力の増大を抑制すること，奢侈品への安定的な消費支出の担い手となること，この2つの役割を期待した。またマルサスにおいては，公共支出は単に有用な行政サービスの実現という観点からのみ評価されたわけではない。公共支出は，行政サービスの提供者——財の生産にはかかわらないが，消費する能力を備えている者——の雇用を，したがってまたその堅実な消費支出を生み出すがゆえに有用なのである。

古典派内部の異端ともいうべき，上記のマルサスの一連の議論は，彼自身が販路説批判のなかで明示した有効需要の不足という問題意識に発する。販路説では，需要は供給を表面とする一定額面のコインの裏面でしかない。しかし，マルサスは，そのコインの表と裏の等価性を疑問視し，総体としての需要と供給を別個に捉えようとしたのである。マルサスにとって経済成長——「富の継続的な創造および増進」(Malthus, 1836：250／下，176)——を論じる鍵は，供給要因（＝潜在的な生産力）と対比されるべき有効需要，すなわち，「全生産物の価値の増大」(Malthus, 1836：290／下，278)を可能にする有効需要の確保であった。

マルサスは，ケネーやペティとは異なり，資本家の「蓄積に対する過度の情熱」からつねに不足しがちな有効需要を補うものとして，地主の消費支出と公共支出を再評価したのである。また，マルサスが大土地所有の適度な分割を説いたのは，地主のなかでも中産の地主層において「消費に対する適度な情熱」(Malthus, 1836：261／下，205)を見出したからであった。

③ デヴィッド・リカードウ

(1) 生涯と著作

　リカードウ(Ricardo, D., 1772-1823)は，1772年4月18日，ポルトガル系ユダヤ人の父リカードウ(Ricardo, A. I.)の三男としてロンドンで生まれた。父はロンドンで証券業務を行うためオランダのアムステルダムから移住し，その後同じユダヤ人の女性と結婚して，リカードウを含め11男6女もの子どもを儲けた。

　リカードウは，ロンドンの学校を卒業後，11歳から13歳までをアムステルダムの伯父の家で過ごし当地の学校に通った。彼はこの学校で商業を学んだといわれている。そして帰国後は14歳の時から独立するまで父の仕事を手伝うようになる。

　転機が訪れたのは彼が20歳の時である。彼は，リカードウ家の転居によって，近くに住むクエーカー教徒のプリシラと知り合い結婚することになるが，異教徒との結婚故に両親との別離を強要された。リカードウは，独立して証券取引業務を営むようになるが，二十代半ばには成功して大きな富を築いたといわれている。さらに，彼は，ナポレオン戦争(大陸戦争)中に，大量の国債を引き受けるようになり，莫大な富を蓄え，そして彼はその資金でギャトコムパークを手に入れ，そこに邸宅を建てて，経済学者が集い議論する場所を提供した。

　リカードウが経済学に興味をもったきっかけは，1779年妻の病気の療養で滞在したバースの貸本屋でスミスの『国富論』に出会ったことである。それから10年後，リカードウは『モーニング・クロニクル』紙に匿名で投稿した「金の価値」で論壇デビューを果たす。この論文はその後4年間に渡って繰り広げ

られる地金論争の発端となった。彼はまた1810年には実名で「地金の高価格」を公表し，同様の主張を行った。

　地金論争の背景には，イギリスの1793年から1815年の長期にわたる対仏戦争がある。戦争中の大陸における軍事支出やヨーロッパ大陸同盟諸国への資金援助による海外への支払い支出の増大などによって金の大量流出を招き，イングランド銀行は1797年に銀行券の金との兌換を停止した。リカードウは，その後に起こった不換銀行券大量発行，金価格の上昇，ポンド為替相場の下落という現実に反発して論文を書いた。リカードウの主張は，イングランド銀行による銀行券の発行残高の縮減と兌換再開であった。しかしながら，イングランド銀行は政府の戦費調達のために貸出を続けなければならず，リカードウなどの主張に反論し，議論は平行線を辿った。結局イングランド銀行の兌換再開は，ナポレオン戦争後の1821年を待たなければならなかった。

　次に，リカードウは1815年の穀物法改正をめぐる穀物法論争に参戦する。彼は，1815年に「穀物の低価格が資本の利潤におよぼす影響に関する一論」（「利潤論」）を書き，友人であるマルサスの穀物法の改正を支持する論文に反論する。

　穀物法論争の背景には，イギリスの対仏戦争による大陸からの安い穀物の輸入困難が穀物価格上昇を招いたことによって，とくにナポレオンの大陸封鎖による穀物価格暴騰によって，大量の資本が農業に投下されてきた事実がある。しかし，1813年の穀物（小麦）の大豊作とナポレオンの劣勢が事態を急変させた。大豊作と大陸からの安価な穀物の輸入が穀物価格の暴落を招き農業恐慌をもたらした。地主や農業者たちは所得の急減という危機に直面した。そこでもちあがってきたのが安い穀物（小麦）の輸入を禁止する穀物法改正案である。

　リカードウは，彼の論文で，マルサスの穀物法擁護論を批判し，穀物の自由貿易を主張した。安価な穀物輸入は労働者の賃金の下落と利潤の上昇をもたらし，利潤の増加は資本の蓄積となり経済成長をもたらすというのが彼の議論である。マルサスは，地主の立場を擁護し，穀物法の改正によって農業と工業の並存を強調したが，リカードウは，産業資本家の立場に立って穀物法を撤廃して工業を中心とした社会の確立を望んでいた。

しかしながら，結局穀物法は改正され，イギリス国内の小麦価格が1クォーターあたり80シリングを下回る時には穀物輸入は禁止されるようになった。穀物法が撤廃されたのは1846年のことである。

リカードウの主著は『経済学および課税の原理』(初版1817年，第2版1819年，第3版1821年)である。本書は最終版では32章からなっていて，大きく3つの部分に分けられる。1章から7章までは経済学の原理が述べられ，8章から18章までは課税の原理が述べられている。そして19章から32章までは補論および他の経済学者の諸学説の批判である。

『原理』の出版後のリカードウの活動で大きな出来事は，議員に当選して議会活動を行ったことである。彼は1819年に議員となり，終生その職にあった。彼は，議会で自らの経済思想に基づき金融経済の分野を中心に多くの発言をした。そしてこれらの経験を経て，死の直前の1823年には「国立銀行設立案」を執筆している。

(2) 理論と思想

リカードウの理論は労働価値論を基礎とした三階級三分配論といわれている。

三階級とは，スミスが明確にしたように，地主，資本家，労働者の三階級であり，三分配とは地代と利潤と賃金である。彼は人口増加と資本蓄積との下でこれらの所得がどのように変化をこうむるかを明らかにしようとした。

彼の価値論は投下労働価値説といわれ，生産物の価格(価値)はその生産に投下された労働量の大きさによって決まるという考えである。より詳しくは，商品の生産に投下された直接労働と蓄積労働(資本の生産に投下された労働量)との合計によってその価値が決定され，そしてその価値が賃金と利潤に分割されるというものである。

地代論は，地代の定義より始め，「地代は大地の生産物中の，土壌の根源的で不滅の力の使用に対して地主に支払われる部分である」としたうえで，差額地代論が述べられる。それは穀物の生産などで同じ条件のもとで生産される時，土地の肥沃度の違いによって生じる生産量の差額が地代となるという考えである。

彼の説明では，社会の穀物需要に対して肥沃な土地(第1等地)が豊富に存在する社会では差額地代は生じない。しかし資本と人口の増加によって穀物需要が増大すると，第1等地に加えて第2等地が耕作されるようになる。その時第1等地に差額地代が発生する。更に社会が進歩して第三等地，第四等地にも耕作が拡大されるようになると，第2等地，第三等地にも地代が生じるようになる。

リカードウは，投下労働価値と差額地代論とを結び付けて，スミスのいう価格の構成価格論(価格は賃金と利潤と地代の合計で決まるという考え)を批判し，文明社会においても投下労働価格説が妥当することを主張する。彼は，穀物の価値はそれを生産する最劣等地(差額地代は発生しない)における投下労働量で決まるので，価値の決定に地代は入り込むことはないし，生産された価値が賃金と利潤に分配されるので，利潤も価値の決定とは関係がないとする。

リカードウは，次に賃金論を述べる。彼のいう自然賃金は，生存費説ともいわれるもので，労働者とその家族を増減なしに維持するのに必要な食糧，必需品，便宜品の価格によって決まるとされる。それに対して市場賃金は労働に対する需要と供給によって決まり，その需要と供給は資本の大きさと人口数によって決まるとされる。彼によれば，市場賃金は長期的には労働者数の増減を通じて自然賃金の水準に近づいていく傾向があるという。

次に，リカードウは賃金と利潤の相反関係論を主張する。彼は，投下労働量によって決定される価値が賃金と利潤に分配されると考えているので，賃金の騰落は利潤の反対方向への騰落をもたらすことになり，常に賃金と利潤は相反関係にあるとされる。そして，リカードウは分配の長期動態を述べている。それは資本の蓄積が起点となった地代と賃金と利潤の長期的な変化を説いたものである。以下の図式はリカードウの見解を要約するものとしてよく用いられるものである。

　資本の蓄積　→　労働需要増加　→　賃金上昇　→　人口の増加　→　穀物需要増加　→　劣等地の耕作の進行　→　穀物価格上昇　→　地代上昇・賃金上昇　→　利潤率の低下

この図式を解説すると，リカードウの『原理』執筆時は，産業革命の真っ只

なかで，経済成長と資本の蓄積が続いていたので，最初に資本の蓄積ありきということは理解できることである。そして資本の蓄積が労働需要の増加と賃金（市場賃金）の上昇をもたらす。

次に市場賃金の上昇が自然賃金の水準を上回る時には，これまで以上の子どもの養育が可能となり，人口が増加する。しかし人口の増加は穀物需要の増加と劣等地耕作の進展をもたらす。その結果最劣等地の穀物の生産により多くの労働量が必要となり穀物価格は上昇する。そして穀物価格の上昇は差額地代の上昇と市場賃金の上昇をもたらし，更に賃金の相反関係にある利潤率の低下を引き起こすことになると述べている。リカードウは，分配の長期動態論を展開することによって，スミスと同様に，説明の仕方は異なるとはいえ，利潤率の低下法則を主張していた。

このように，リカードウは社会が進歩していくとき，利潤率の低下は避けられないとするが，その趨勢を少しでも弱めるためには，安い穀物の輸入が必要であるとして，穀物法の撤廃を主張してきたのである。

しかしながら，彼は，さらに将来的には，社会は資本の蓄積と人口の増加が停止してしまうほどまでに利潤率は低下すると述べる。彼は，そのような社会を「定常状態」とよぶ。とはいえ，そのような社会の到来はずっと先のことであって近い将来には訪れないと考えていた。

(3) 販路説と過少消費説

販路説（セー法則）は，フランスの経済学者 J. B. セーによって『経済学概論』（1803年）のなかで述べられたものであるが，その後それはイギリスの経済学者であるジェイムズ・ミルやリカードウに受け入れられてからは，J. M. ケインズによって批判されるまでは，長くイギリスの経済学者たちの基本的理論として受け継がれた学説である。

セーの販路説は，ケインズによって「供給はそれ自身の需要を生み出す」と定義されたが，その根拠となるセーの説明は二点からなる。

第1は，生産物は生産物をもって買われ，貨幣は単なる媒介物にすぎないか

ら，販売と購買は常に一致するという見解である。

　第2は，生産は所得を生み出し，その所得は需要を生み出すので生産と消費は均等になるという考えで，その理由は所得は消費と貯蓄に分かれるが，貯蓄はすべて投資されて生産的消費となるため，生産は消費の大きさによって制限されないという見解である。

　リカードウは，このセーの販路説をもってナポレオン戦争後の不況期における商品過剰(glut)をめぐるマルサスとの論争に挑んだ。リカードウはセー法則を根拠に，商品過剰は，戦後の交易路の急変によってもたらされたもので，一時的でかつ部分的なものであると述べてマルサスの全般的商品過剰論を批判した。

　これに対して，マルサスは，過少消費説をもってリカードウに反論した。マルサスは消費を超える生産の過剰から商品過剰がもたらされているとみなし，それも地主の過少消費がその最大の原因であると考えていた。彼の議論によれば，富の増大の要因には生産と分配の両面があり，資本の蓄積，土地の肥沃度，機械の使用が生産物の供給の増大をもたらすという側面と，土地財産の分割，国内商業および外国貿易の拡大：地主の不生産的消費の増加が生産物の交換価値の増大をもたらすことによって十分な有効需要を提供するという側面があると考えられていた。しかしながら，資本の蓄積が行われていく過程でも不生産的労働者から生産的労働者への転化は労働者全体の需要(消費)を増加させないし，資本家は投資を行うための貯蓄を増やしているので消費の増加は期待できないため，地主の不生産的消費が，供給の増加に対応して増加しない限り，生産と消費の均衡が崩れ，商品過剰は避けられないと考えていた。このような考えのもとに，マルサスは当時の不況の原因を地主の過少消費に求めたのである。

　以上に述べてきたナポレオン戦争後の不況をめぐるリカードウとマルサスとの論争には，セー法則の主唱者であるセー本人も加わっているが，結果的にはリカードウ達の勝利に終わり，その後イギリスでは，セー法則はケインズの出現まで基本的な理論として受け継がれていく。

4 ジョン・スチュアート・ミル

(1) 生涯と著作

　ジョン・スチュアート・ミル（Mill, J. S., 1806-1873）は，ジェイムズ・ミル（Mill, J., 1773-1836）の長男としてロンドンに生まれる。父ミルは，スコットランドで生まれ育ち，そしてエディンバラ大学に入学し，大学および大学院での課程を終えた後，さらに神学課程に進んだ。しかしながら，彼は聖職者になる道をあきらめ，彼の支援者である地元の国会議員の登院と一緒にロンドンに出てきて雑誌の編集者となって生計を立てるようになる。父ミルは，仕事の傍ら，子ミルに家庭で厳しい教育を行った。子ミル自身の自伝によれば，彼は3歳の時からギリシャ語，ラテン語，修辞学など多くのことを父から学び，さらに論理学，経済学も学んだ。その教育は，父の東インド会社への入社（1819年）まで続いた。

　子ミルは，14歳の時から約1年間，父が支持するベンサムの弟の招待でフランスに滞在し，パリではJ. B. セーやサン・シモンに会う機会をもったりして見聞を広めた。その後，ミルはデュモン編纂によるベンサムの『立法論』を読んで功利主義に傾倒し，友人とともに功利主義協会を結成しリーダーとなっている。この頃からミルは雑誌に寄稿するようになったといわれている。彼は17歳の時，父と同様，東インド会社に入社し，結果として会社の解散（1858年）まで勤めあげることになる。1824年にはJ. ベンサム，父ミルを中心とした哲学的急進派の機関紙『ウエスト・ミンスター・レヴュー』が創刊され，ミル父子も寄稿している。この頃には，ミルはまた人口問題や社会主義を巡って雑誌上や公衆の面前で討論に参加している。

　しかし，ミルは20歳の時から長い間「精神の危機」におちいる。そしてその原因のひとつとなった功利主義に疑問をもつようになり，浪漫主義，社会主義，歴史主義などに理解を示すようになった。この頃から，ミルは，カーライルやサン・シモン派の人びと，後に結婚することになるハリエット・テイラー夫人などと知り合うようになる。1829年には，父ミルの『政府論』（1828年）が，マコーレーによって，歴史的経験に基づいた帰納法重視の立場から演繹的すぎ

ると批判され、『エディンバラ・レヴュー』紙上で、父ミルの支持者とマコーレーとの間で方法論論争が展開された。子ミルは、この論争には参加しなかったが 1831 年に「経済学の定義と方法」を執筆し、1836 年に公表した。ミルは本論文で、経済学の方法は、帰納法と演繹法とを混合した方法を採用すべきであると主張している。ミルの方法論はその後他の学問の方法論の検討にも及び、その成果は『論理学体系』(1843 年)中の(第 6 編)で示されている。

　ミルが『経済学原理』を書いたのは、1848 年である。この年には、フランスで 2 月革命が起こったり、マルクスとエンゲルスによる『共産党宣言』が出版されているが、ミルが経済学の主著をかくまでの数十年間イギリスも激動の時代であった。産業革命によって急激に生産力を高めたイギリスは、1825 年には初めて本格的な恐慌を経験した。以降恐慌が頻発し、不況の中労働者階級は深刻な状態にさらされた。1830 年のフランスの 7 月革命を契機に南部では農業労働者の暴動が起きている。また、同年の選挙法改正によっても選挙権を与えられなかった労働者たちは労働組合を組織し、1830 年代後半には三度にわたってチャーチズム運動(議会改革運動)を起こした。彼らは「人民憲章」を作成し、議会に、成年男子の普通選挙権の付与、無記名投票、議員の財産資格撤廃などを求めたがその都度拒否され、労働者は各地で暴動を起こした。

　チャーチズム運動と時を同じくして、コブデン、ブライトンが中心となって穀物法撤廃を求める反穀物法同盟が結成された。この運動は実を結び、ピール首相によって 1846 年穀物法が撤廃された。また、1849 年には航海条例も廃止される議決がなされて、ここにイギリスは自由貿易体制を確立するにいたった。

　もうひとつの大きな改革は、銀行条例(ピール条例)の制定である。1839 年に始まる恐慌の発生では、恐慌の原因を探るために発券銀行調査特別委員会が発足し、その委員会で有名な「通貨論争」が展開された。地金論争時のリカードウ達の地金主義の見解を受け継ぐ通貨学派とその時の反地金主義を受け継ぐ銀行学派との間に大きな論争が行われた。この論争は、銀行券の過剰発行が恐慌の原因であるとする通貨学派が勝利した。ピール首相は彼らの見解を支持して 1844 年にピール条例を制定した。この条例によって、イングランド銀行のみ

が発券銀行となり，また，銀行券の発行には一定の金準備が要求されるようになった。ここに十全に確立された金本位制度は，後に確立される自由貿易体制とともに，1850年頃から約20年間に及ぶイギリス黄金時代形成の立役者となった。

東インド会社の解散によって1858年に仕事を辞したミルは，多くの本を出している。『自由論』(1859年)，『代議政治論』(1861年)，『功利主義』(1863年)，『コントと実証主義』(1865年)，『婦人の隷従』(1869年)などが代表的なものである。彼は，1865年には，下院議員に当選し，選挙法の改正などに尽力した。また，1867年にはスコットランドのセント・アンドリューズ大学の総長に就任した。そして1873年，フランスのアヴィニオンにて病死した。彼の死後，ヘレン・テーラーによって『自叙伝』(1873年)，「宗教論」(1874年)，「社会主義論」(1879年)が公刊されている。

(2) ミルの経済学

ミルの『経済学原理』は，スミスの『国富論』と同様に，5編から構成されている。すなわち，第1編「生産」，第2編「分配」，第3篇「交換」，第4編「社会の進歩が生産と分配におよぼす影響」，第5編「政府の影響」である。本書の編別構成は，J. B. セーの『経済学概論』(1803年)の「生産」，「分配」，「消費」の構成と，父ミルの『経済学綱要』(1821年)の「生産」，「分配」，「交換」，「消費」の構成とを参照したといわれている。またミルは，フランスの思想家オーギュスト・コントから学んで，第1篇から第3篇を静態論，第4編を動態論に区分している。

(a) 生産論

ミルの生産論の独自性は，スミス，リカードウとは異なり，その生産論を分配論から区別している点にみられる。彼は，生産が物理的および自然的特性をもっているため，生産の法則は人間が意のままにすることができないのに対して，分配の法則は，社会の法律や慣習に依存しているため，政府や国民が意のままにできると考えている。

ミルは生産論で，生産要因は土地・労働・資本の3要素から成り立っていると述べたうえで，生産力増進の要因と生産増加の法則および生産の制約要因を述べている。彼は生産力を増進するものとして，自然的便宜，勤労，技能と知識，国民の知性と徳性，財産の安全，協業，大規模生産をあげている。また生産増加の法則については，労働，資本，土地に関して述べられているが，リカードウの議論の域を出るものではない。さらに，生産の増加を制約するものとして人口法則と収穫逓減の法則を重視している点もリカードウと同様である。

(b) 分配論

ミルは，分配論で財産の分配と所得の分配を述べている。彼は，財産の分配は社会制度によって異なり，歴史的に変化しうるものとして具体例をあげて説明している。彼は，共産主義，社会主義，自作農制，分益農制，アイルランド入札小作制度などを取りあげ分析している。

ミルは，所得の分配も財産制度によって異なるが，私有財産制度と競争のもとでの分配論に多くのスペースをさいている。彼は，賃金論，利潤論，地代論の順序で論述している。

ミルの賃金論は賃金基金説として有名であるが，その賃金論は需要供給説というほうがより適切である。彼は，労働者の実質賃金は労働の供給(リカードウと同じく労働人口)と労働の需要(賃金基金＝労働者の雇用に向けられる資本の大きさ)との比率によって決まると考えている。ミルの特徴的な点は，賃金基金は一定の時点で一定の大きさとされ，労働需要の大きさは与えられているとみなしていることである。したがって，賃金の大きさは，その一定の労働需要に比しての労働供給の大きさで決まることになる。しかし，ミルは，1869年にW. ソーントンに賃金基金説を批判されると，その見解を撤回している。

ミルの利潤論は，N. W. シーニョアの利潤節欲説の影響を受けている。ミルは，利潤は利子，保険料，監督賃金から構成されていると考えている。そして彼は，利子は資本家が節約したことに対する報酬であり，保険料は資本家が企業家として資本を危険にさらしたことに対する報酬であるとし，監督賃金は資本家の経営上の努力に対する報酬であると考えていた。

地代論に関しては，ミルはリカードウの地代論をそのまま踏襲している。
　(c) 交換論
　ミルは，第3篇の交換論のなかで初めて価値論を述べている。リカードウが労働価値論を最初に述べたうえで分配論を展開したのとは対照的である。ミルは，リカードウの労働価値論は受け入れず，独自の価値論を主張している。ミルは，S. ベイリーにならって価値を相対価値として理解し，リカードウが最後まで解き明かそうとした絶対価値を問題とすることはなかった。
　ミルは，商品を3種類に分類してそれぞれの商品の価値の決定の仕方を述べている。

　　(イ) 骨董品や絵画のように供給量が制限されている商品の価値は，商品の需要と供給の比率によって決定される。
　　(ロ) 工業製品のように生産費の上昇を伴わないで生産を増加できる商品の価値は生産費で決まる。その生産費は，労働量・賃金と利潤の大きさの合計で決定される。
　　(ハ) 農産物のように生産費の上昇を伴って生産される商品の価値は，もっとも不利な条件の土地での生産費で決定される。

　ミルは，交換論で価値論のほかに貨幣，信用，国際貿易，国際価値，外国為替についても述べている。
　(d) 生産と分配の動態論
　ミルの動態論は第4編で述べられている。本編では，分析の対象を資本主義社会に限定し，社会の進歩が生産と分配におよぼす影響が検討されている。
　社会の進歩が生産におよぼす影響に関しては，生産論で労働の生産力が増進する要因としてあげられていた諸要因が，経済の進歩によって発展し生産の増加がもたらされることが強調されている。
　また，社会の進歩が分配におよぼす影響については，資本と人口の増加と農業上の技術の改良が地代，賃金，利潤におよぼす影響が検討されている。それは，資本と人口の増加は常にみられるが農業上の改良は比較的遅いので，地代は上昇し貨幣賃金は上昇するので，実質賃金は変わらないけれども，利潤率は

低下する傾向があると述べている。そして，利潤率の低下はやがて社会の定常状態をもたらすとも主張している。ここでの議論はリカードウの見解を踏襲したものである。

　しかし，ミルは，利潤率の低下傾向を妨げるものをリカードウ以上に検討している。リカードウは，自由貿易につながる穀物法の撤廃が安価な穀物（小麦）の輸入を可能にすることによって賃金の下落をもたらすことが利潤率を上昇させると述べていたが，ミルはそれ以外の多くの要因をあげている。すなわち，恐慌による資本の破壊，生産における改良，安い商品の輸入，植民，資本の輸出，政府の支出などが利潤率の低下を抑えると主張している。とはいえ，ミルはこれらの要因が実践されても，定常状態の到来は避けられないと結論する。

　ミルは，それでも，やがて到来する定常状態の社会には悲観的ではなかった。人口の制限と分配の改善が首尾よく行われればそのような社会も人間的に進歩した社会になると述べている。

(3) ミルの思想

　J. S. ミルは，ベンサムおよび父ミルによって功利主義思想の後継者および実践者として育てられた。しかし彼は，20歳ころから功利主義思想に疑念を抱くようになり，それ以外の思想も考慮に入れるようになる。それでもミルは晩年になると功利主義を再検討するようになる。彼は，ベンサムが自然科学の「細別法」が倫理学や政治学などの領域に取り入れられると科学となることを指摘したことを評価し，また，法律を，目的に対して手段を適用するため一連の実際的な仕事として取り扱ったことを高く評価している。その一方で，ミルは人間の行動は快楽と苦痛とによって決まるとするベンサムの「根本原理」はこれ以上を出ていないと批判したり，人間の行動の動機は無数にあり，連想によって欲求や嫌悪の対象とならないものはないと批判した。また，ベンサムの功利の原理すなわち最大幸福の原理における功利ないし幸福は，複雑で不確定な目的であるにもかかわらず直接的な目的としたことは正しくないとして批判した。ミルは，ベンサムの思想のなかで容認できない面を取り除いて，功利主

義的倫理や立法論を擁護しようとしている。

次に，ミルの思想のなかで取り上げるべきものは「自由論」である。彼は，当時みられる傾向にあった，増大しつつある社会の権力(世論＝多数者の暴虐)が，人びとの精神を束縛し，人びとから自由を奪ってしまうと考えていた。彼は，このような危惧の念から，思想および言論の自由の重要性を述べ，個人と社会の進歩にとって重要な要素である個性の重要性を強調している。

ミルは，この他にも代議政治論にみられる政治思想も述べている。

● 参考文献

Malthus, T. R.（1798 [1986]）*An Essay on the Principle of Population*, edited by E. A. Wrigley and D. Souden, William Pickering.（永井義雄訳〔1973〕『人口論』中公文庫）

Malthus, T. R.（1836 [1986]）*Principles of Political Economy*, 2nd ed., edited by E. A. Wrigley and D. Souden, William Pickering.（吉田秀夫訳〔1937〕『経済学原理』全2冊，岩波文庫）

Mill, J. S.（1848 [1965]）*Principles of Political Economy*, edited by J. M. Robson, University of Toronto Press.（末永茂喜訳〔1959-1963〕『経済学原理』全5冊，岩波文庫）

Quesnay, F.（1767 [1991]）Maximes générales du gouvernement économique d'un royaume agricole, in *Physiocratie: droit naturel, tableau économique et autre textes*, édition établie par J. Cartelier, GF-Flammarion.（平田清明・井上泰夫訳〔2013〕『ケネー 経済表』所収，岩波文庫）

Say, J. -B.（1841 [1982]）*Traité d'économie politique, ou simple exposition de la manière dont se forment, se distribuent, et se consomment les richesses*, 6ᵉ éd., Slatkine.（増井幸雄訳〔1926-1929〕『経済学』全2冊，岩波書店）

Schumpeter, J. A.（1954 [1994]）*History of Economic Analysis*, edited by E. B. Schumpeter, Oxford University Press.（東畑精一・福岡正夫訳〔2005-2006〕『経済分析の歴史』全3冊，岩波書店）

Smith, A.（1776 [1981]）*An Inquiry into the Nature and Causes of the Wealth of Nations*, edited by R. H. Campbell, A. S. Skinner, and W. B. Todd, Liberty Fund.（大河内一男監訳〔1978〕『国富論』全3冊，中公文庫）

大村照夫（1998）『新マルサス研究』晃洋書房
ケインズ，J. M. 著，大野忠男訳（1980）『人物評伝』（ケインズ全集第10巻）東

洋経済新報社
四野宮三郎（1974）『J. S. ミル体系序説』ミネルヴァ書房
杉原四郎（1967）『増訂版　ミルとマルクス』ミネルヴァ書房
杉原四郎（1963）『イギリス経済思想史——J. S. ミルを中心として』未来社
杉原四郎（1980）『J. S. ミルと現代』岩波新書
杉原四郎（2003）『自由と進歩——J. S. ミル研究』（杉原四郎著作集Ⅱ）藤原書店
鈴木信雄責任編集（2005）『経済学の古典的世界1』（経済思想4）日本経済評論社
千賀重義（1989）『リカードウ政治経済学研究』三嶺書房
高島進（1995）『社会福祉の歴史——慈善事業・救貧法から現代まで』ミネルヴァ書房
ディーン，P. 著，中矢俊博・家本博一・橋本昭一訳（1995）『経済認識の歩み——国家と経済システム』名古屋大学出版会
堂目卓生（2008）『アダム・スミス——「道徳感情論」と「国富論」の世界』中央公論新社
中村廣治（1996）『リカードウ経済学研究』九州大学出版会
中村廣治（2009）『リカードウ評伝——生涯・学説・活動』昭和堂
羽鳥卓也（1982）『リカードウ研究』未来社
平瀬巳之吉（1954）『経済学の古典と近代』時潮社
フィリップソン，N. 著，永井大輔訳（2014）『アダム・スミスとその時代』白水社
プレン，J. 著，溝川喜一・橋本比登志編訳（1994）『マルサスを語る』ミネルヴァ書房
ホランダー，S. 著，菱山泉・山下博監訳（1998）『リカードの経済学』全2冊，日本経済評論社
マルクス，K. H. 著，大内兵衛・細川嘉六監訳（1968）『資本論』全5冊，大月書店
ミル，J. S. 著，末永茂喜訳（1936）『経済学試論集』岩波文庫
柳田芳伸（1998）『マルサス勤労階級論の展開——近代イングランドの社会・経済の分析を通して』昭和堂
山﨑怜（1994）『《安価な政府》の基本構成』（香川大学経済研究叢書8）信山社
リカードウ，D. 著，木下彰訳（1970）『穀物の低価格が資本の利潤におよぼす影響についての試論』，玉野井芳郎監訳『リカードウ全集Ⅳ　後期論文集1818』所収，雄松堂書店
リカードウ，D. 著，堀経夫訳（1972）『経済学および課税の原理』，『リカードウ全集Ⅰ』所収，雄松堂書店

第4章

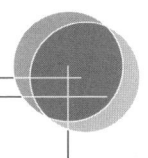

マルクスの経済思想

1 マルクスの生涯と著作―時代背景を織り交ぜて―

(1) 生誕からベルリン時代

　マルクス(Marx, K., 1818-1883)は，1818年5月5日ベルギーとフランスとの国境に近いモーゼル河畔にあるドイツの古都トリーアで，父ハインリッヒ，母ヘンリエッテの第3子として裕福な家庭に生まれる。両親は，ユダヤ人であった。法律家であったハインリッヒは，マルクスが生まれる前年，プロイセン治下，ユダヤ教からプロテスタントに改宗し，名もヘッシェルからハインリッヒに改名する。トリーアは，1794年，フランス市民革命軍によって占領され，その後ナポレオン・ボナパルト(Napoleon Bonaparte)の台頭と没落を経て，1815年プロイセンの統治下に入っていた。トリーアはドイツ語圏にありながら，地理的な位置だけではなく歴史的にもフランスとの結びつきが強く，啓蒙と自由な空気のもとにあったといわれる。

　さて，それはともかくとして，1830年に，マルクスは12歳でこの街のフリードリッヒ・ウィルヘルム・ギムナジウムに入学する。この年，フランスでは7月革命が勃発し，ブルボン王朝が崩壊，ルイ18世(Louis XⅧ)はオーストリアへ亡命，代わってオルレアン朝ルイ・フィリップ(Louis-Philippe)が即位，立憲君主制がとられる。トリーアにもその影響は及んだようだが，マルクスが何か政治的な動きをしたという形跡はない。1935年9月には，ギムナジウムの修了資格試験に合格，ボン大学法学部に入学する。マルクスは17歳であった。興味深いのは，このときの資格試験の成績である。ラテン語，ギリシャ語は優であったが，フランス語，歴史と並んで数学は可であった。理数科目が不得手

であったことが窺えるが，これが後に大著『資本論(*Das Kapital*)』の準備ノートを編集しようとするさいのエンゲルス(Engels, F.)の手を煩わせることになる。かなりな数の計算間違いに出会うのである。ボン大学時代のマルクスは，若気のいたりとはいえ，飲酒で外出禁止の処分をうけたり，「決闘」で負傷したり，拳銃不法所持で捕まったりと相当な乱痴気ぶりであったようである。こうした行状もあってか，マルクスは父により1836年10月ベルリン大学に編入させられる。先の飲酒や夜遊びなどの乱脈ぶりはこの地でも続いたようであるが，特筆すべきは，ここでヘーゲル哲学の流れをくむ青年ヘーゲル派の人びとと親交をもったことである。後に，マルクスは，彼の最初の経済学書となる『経済学批判』(1859年)の序言のなかで，この時代を振り返り，専攻学科は法律学であったが，哲学と歴史を研究するかたわら副次的にそれをおさめたに過ぎないと語っている。マルクス自身ヘーゲル左派の集まりであった「ドクトル・クラブ」に加わり，当時の思潮であった宗教批判を経て無神論者へと向かっていくことになる。1841年にベルリン大学を卒業したマルクスは，この年の4月に論文「デモクリトスとエピクロスの自然哲学の差異について」をイエナ大学に提出し，博士の学位を取得する。その後，希望していた大学教員への道が閉ざされるなかで，1842年偶然にもケルンに居を構える，新興ブルジョアジーの政治・経済的利害を代弁する自由主義的な新聞，『ライン新聞』の編集長・主筆としての職が舞い込んでくる。当時のドイツはいまだ後進国であり，1834年に関税同盟が成立し，ようやく統一した国内市場の形成に向けて諸領邦が動きだした，いわば資本主義の生成期にあった。そうしたなかでケルンは商工業の発展を背景に新興ブルジョアジーの政治的台頭が著しい地域でもあったのである。

(2)　ケルンからパリへ

　ジャーナリストとしての職に就いたことにより，哲学青年は，いやがおうにも現実世界へと引き戻され，物質的な利害関係に関わらざるを得なくなる。マルクスにとってははじめての経験であった。先の『経済学批判』序言によると，ここで直面した問題とは，森林討伐と土地所有の分割についてのライン州議会

の討議，当時のライン州知事が『ライン新聞』の記事に対しておこした公の論争，さらには自由貿易と保護関税とに関する議論などであり，これらがマルクスの経済問題に携わる最初の動機となる．これらはいずれもドイツにおける，とりわけ西部地域における近代工業の進展を象徴するような出来事であった．さらにマルクスを悩ませた問題として，こちらの方がマルクスの思想展開にとって重要なことだと思われるが，当時フランスの思潮となりつつあった社会主義，共産主義の影響がケルンにまで及び，それに対する態度表明を迫られたことである．マルクスは当初この思想に反対を表明したが，その内容について判断を下す能力が自分に欠けていることを率直に認めた．そしてプロイセン政府より急進的な自由主義者とみなされたマルクスは，『ライン新聞』が発行禁止になったことを好機とみて退社，書斎に引きこもることを決意する．

　そこでマルクスが自らに課した課題は2つ，ひとつはヘーゲル法哲学の批判的検討であり，いまひとつはフランス革命史の研究であった．これらの研究の成果の一部をマルクスは，イェニー・ヴェストファーレン（Westphalen, J. v.）と結婚後，移住したパリで1844年2月に発行した『独仏年誌』（第1・第2号合併号）に掲載する（この雑誌自体は，発刊とほとんど同時にプロイセン当局により発禁処分をうける．雑誌のほとんどは買い取られたという）．「ユダヤ人問題によせて」と「ヘーゲル法哲学批判・序説」である．前者は，ヘーゲル左派の重鎮バウアー（Bauer, B.）によって書かれた著書『ユダヤ人問題』と論文「現代のユダヤ人とキリスト教徒の自由になりうる能力」の書評として執筆されたものである．そのなかでマルクスは，共同体の解体後に生まれる近代社会を，貨幣のみが神として君臨する利己的諸個人の対峙しあう市民社会と，抽象的公民が織りなす政治的国家とへの分裂のうちに捉え，こうした社会のあり方が本来の「類的存在」としての人間的本質からの疎外体に他ならないことを明らかにし，次のように述べている．

　「現実の個別的人間が，抽象的な公民を自分のうちにとりもどし，個別的な人間のままでありながら，その経験的な生活において，その個人的な労

働において，その個人的な関係において，類的存在となったときにはじめて，つまり人間が自分の『固有の力(forces propres)』を社会的な力として認識し組織し，したがって社会的な力をもはや政治的な力の形で自分から切りはなさないときにはじめて，そのときにはじめて，人間的解放は完成されたことになるのである。」(マルクス／エンゲルス，1959：407，傍点は原本のまま)。

少し長い引用になったが，行論との関係でとくに留意しておきたい点は，かなり早い段階からマルクスが人間的解放を問題にしていたこと，そしてこのテーマは，さまざまなニュアンスをとりながらも終生変わることなく思想的に維持され続けたことである。とりわけ，その解放の主体があくまでも個人であり，その本質が類としての共同存在の回復に置かれている点は注目に値する。さらにこの解放思想は，「ヘーゲル法哲学批判・序説」のなかでいっそうの展開をみせる。マルクスは，「ドイツの解放の積極的な可能性はどこにあるのか？」と問い，その解答を，「ラディカルな鎖につながれたひとつの階級の形成」に求める。「ひとことでいえば，人間の完全な喪失であり，したがってただ人間の完全な回復によってだけ自分自身をかちとることのできる領域」，これを「ある特殊な身分として体現したもの」(マルクス／エンゲルス，1959：427，傍点同じ)としてプロレタリアートの存在を見出すのである。ここではじめて近代市民社会は，プロレタリアートの発見とともに資本と賃労働の階級関係のもとに捉えられることになるのである。

ところで，この後公刊されたマルクスの著作としては，1845年にエンゲルスとの初の共同作業となった『聖家族』がある。これは一種の理論信仰に陥ったバウアーに対する批判の書であるが，先の『独仏年誌』に掲載された2論文後のマルクスの思想展開を知るうえで，重要な手がかりとなる手書き原稿が残されている。『経済学・哲学草稿』と『経済学ノート』がそれである。パリ時代のマルクスは，すでにその『ノート』にみるかぎり，スミス(Smith, A.)，リカードウ(Ricardo, D.)，ジェームズ・ミル(Mill, J.)，セー(Say, J. B.)，マカロッ

ク(Macculloch, J. R.)，ボアギュベール(Boisguillebert, P)といった経済学者の書物を読み，抜き書きをつくっている。そのなかには，『独仏年誌』に掲載されたエンゲルスの「国民経済学批判大綱」もあった。後にこの論文に対してマルクスは，「経済学的諸カテゴリーを批判したかれの天才的小論」と評するのであるが，「私的所有の正当性」(マルクス／エンゲルス，1959：544，傍点同じ)を疑ってみようともしない経済学のあり方に根本的な批判を加えるエンゲルスの主張に，マルクスはこの時大きな感銘をうける。以後，先にみたように，2人の共同作業が続けられることになるのである。その意味では，マルクスを経済学の研究へと導いたのは，エンゲルスであったということもできよう。いずれにしても，市民社会分析に経済学の視点を批判的にとりいれることによって，マルクスの近代市民社会理解は，大きく旋回していくことになるのである。

　では，『経済学・哲学草稿』でとりあげられている内容の一部をみてみよう。そこでは，人間の生命活動が意識的に行われることによって動物との相違をなし，類的存在であることが示される。意識的な存在であることによって人間は自らの生活を対象となしうること，したがって，その活動は，自由であることが説かれる。ここにおいて類をその本質とする人間存在は，自分との関わりが他者との関係において表現され実現されること，自然も再生産され，「人間の作品」となり「人間の現実」となること，類としての人間は，その活動において自然を不可欠な契機として包み込むことが示される。そして，この人間存在にとって本質をなす労働が疎外されることによって，先にあげた諸関係はその全体において反転し，疎遠かつ敵対的な関係となる。まさに「疎外された労働」にほかならない。疎外された労働は絶えずこの疎遠で敵対的な関係を再生産するのである。注目すべきは，この「疎外され外化された労働によって，労働者は，労働とは疎遠な，労働の外部に身を置く人間と労働との関係を生み出す。労働者と労働との関係が資本家(あるいは労働の主人)と労働との関係を生み出すのだ。」(マルクス，2010：108)とされ，それゆえに，疎外された労働の産物として私有財産が出てくるとされていることである。労働のあり方こそが，それが成立する関係それ自体を再生産する，という後年に通ずる考え方が抽象的な

がらここに示されることになる。さらに，先にみた人間的解放の問題も，ここにおいて，「労働者だけの解放が問題なのではなく，そこには人間一般の解放がふくまれる。というのも，労働者と生産活動との関係のうちに人間の隷属状態の全体がふくまれ，隷属的な関係のすべてはその関係の変形ないし帰結に他ならないからだ。」(マルクス, 2010：111)とされ，いまや労働者と生産活動との関係の問題にまで掘り下げられていっている次第を読み取ることができよう。

こうした，疎外された労働から資本と賃労働の関係への解明を試みようとする視角とは別に，いまひとつ，この時期のマルクスにとって特筆すべき視点の開示がなされている。それは『経済学ノート』の「ジェームズ・ミルに関するノート」のなかでなされている，貨幣についての分析である。ここでマルクスは，ミルが貨幣を交換の媒介者として捉えた点を高く評価し，次のように続ける。「貨幣の本質は，さしあたり，それにおいて所有が外在化されている点にあるのではなくて，人間のつくりだしたものがそれをとおして互いに補完されあうところの媒介的な活動や運動，つまり人間的・社会的な行為が疎外されて，それが人間の外に在る質料的なもの・貨幣の属性になっている点にある。人間はこの媒介する活動そのものを外在化することによって，ここでは自己を喪失した，非人間化された人間として活動しているに過ぎない。すなわち，ものとものとの関係そのもの，ものに関する人間の活動が，人間の外に在りしかも人間の上に在る・ある存在〔Wesen〕の活動になっている。人間がそのままで人間の仲介者になるかわりに，この疎遠な仲介者をとおして，人間は自己の意志，自己の活動，自己の他の人間にたいする関係が，自己や他の人間から独立した力になっているのを直観する。かくて人間の隷属状態は頂点に達する。」(マルクス, 1962：87)傍点は原文では下付となっている)と。

そして，近代市民社会において前提とされる私的所有がなぜ貨幣態(Geldwesen)にまで進まざるを得ないか，という問いに対する解答として解明がなされていく。人間は本来社会的な存在として交換にまで進まざるを得ないこと，しかし「交換をおこなっている人間の媒介的な運動は決して社会的な運動でも人間的な運動でもないし，また人間的な関係でもな」く，「私的所有と

私的所有との抽象的な関係」(マルクス，1962：89，傍点同じ)，まさに価値としての関係にほかならず，それゆえに価値は人間の人格的所有という意味を欠いた，ひとつの「物象」として貨幣を産み落とさずにはいないことが示される。その意味で貨幣は，私的所有の自己疎外の関係のなかで生起する私的所有の外化として捉えられるのである。

　さらに重要な点は，この貨幣分析のなかで，人間の本質である類的存在，共同存在が現実世界の彼岸にあるのではなく，その存在のありようは，「現実の，生きた，あれこれの個人としての人類」(マルクス，1962：97)の存在の仕方としてあるということ，たとえそれが疎外された形をとっていようと，である。類的存在，共同存在としての人類の本質は，まさに現実それ自体のなかにあり，現実を貫いていることを鮮明にしたのである。現実の貨幣分析のなかでマルクスは現実のもつ始原性を実感したのではないだろうか。この視点はさらに1845年4月から5月にかけて執筆されたとされる「フォイエルバッハに関するテーゼ」においていっそう鮮明なものとなる。

　ところで，後の展開との関係で留意しておきたい点がひとつある。それは，この段階ですでに近代市民社会における人間の隷属状態を，労働者と生産活動の関係から解き明かそうとする視点(疎外論の視点)と人間の活動がいかなる人間からも独立した物象としての貨幣に依存してなされるという視点(物象化論の視点)(もちろん，この関係のもとでも，労働が営利労働となることによって，労働の労働主体からの疎外，および労働対象からの疎外，そしてまた労働者が自らの欲求に隷属する状態となり，彼らの活動が生活手段を稼ぐためのものとなることの指摘はある)とが併存している点である。この両者の折り合いをどう付けていくのかが課題としてマルクスに残されることになる。一方は資本と賃労働の関係のなかで，他方は商品・貨幣関係のなかで取り扱われる問題であるが，これらの問題は，資本主義を商品，貨幣，資本という物象化の展開として把握するなかで，資本による労働の包摂として資本と賃労働の関係を捉えることによってはじめて解決が与えられることになる。あらかじめ付言しておこう。

　パリ時代のマルクスは，当時ブルジョア的居住地とされたヴァノー街38番

地に居を構え，自称共産主義者で『独仏年誌』創刊にも関わるルーゲ(Ruge, A.)や詩人のハイネ(Heine, H.)らと親交を結ぶが，いずれもマルクスとともにプロイセン当局より逮捕状が出される身となる。これによりマルクスは，1845年2月にベルギーのブリュッセルへの亡命を余儀なくされる。政治活動をしないことが条件であった。この年の12月にはプロイセン国籍をも放棄する。マルクスのパリ時代は1年数ヵ月で幕を閉じるのである。

(3) ブリュッセル時代

ブリュッセルに移ったマルクスは，先の政治活動をしないという誓約書に反して公然と政治的活動に身を投じていく。もちろんエンゲルスとともにである。事態は，1848年革命に向かってまっしぐらに進んでいくのである。

ところで，先に触れた「フォイエルバッハに関するテーゼ」について，ここで一言しておこう。この「テーゼ」は全部で11のテーゼからなっている。1845年4月から5月にかけて書かれたとされる。はじめて公にされたのはエンゲルスの『フォイエルバッハ論』(1888年)の付録としてであった。エンゲルスは，ここにはマルクスの「新しい世界観の天才的な萌芽がおさめられている」(エンゲルス，1954：9)と評した。確かにフォイエルバッハ(Feuerbach, L.)との比較においてではあるが，この時点でのマルクスの考え方の全体を知るうえで格好の素材が提供されていると考えられる。いくつかあげてみよう。——従来の唯物論の欠陥は，現実が主体的に捉えられないところにある。ここから理論的なものだけが人間的であるとみなされ，実践は「ユダヤ的な現象形態」において捉えられ，実践のもつ批判的革命的な意義が見失われる。人間の思考が真理に到達できるかという問題は，理論の問題ではなく実践的な問題である。フォイエルバッハは，宗教的世界をその世俗的な世界へと解消するが，なぜ世俗的世界がそれから遊離して宗教的世界をつくることになるのかを知らない。フォイエルバッハは，宗教の本質を人間の本質へと解消する。人間の本質とは，その現実のあり方においては，「社会的諸関係の総体」である。フォイエルバッハはこうした現実的本質批判に立ち入らないために，そこで取り上げられるの

は抽象的な個人であり，本質はただ類として物言わぬ普遍性としてのみ理解されるにすぎない。あらゆる社会生活は本質的に実践的である。感性を実践的な活動として捉えない唯物論の到達するところは，せいぜい個々の個人の直観であり，市民社会の直観である。古い唯物論の立場は市民社会であり，新しい唯物論の立場は人間的社会あるいは社会的人類である。哲学者たちはただ世界をさまざまに解釈してきたにすぎない。大切なのは，それを変革することだ。(マルクス／エンゲルス，2002：230-240)——ここにおいて，新しい唯物論の立場とは，市民社会を超えて人間的社会の構築にあることが宣言される。それは，マルクス自身がこれまでのドイツ観念論の立場を捨て新たな地平に立ったことを意味する。もはや現実批判は，これを経済学とその批判に求めねばならない。なぜなら，与えられた現実とは，「社会的諸関係の総体」であるのだから。

　1844年夏，パリで再会を果たして以降，マルクスとエンゲルスとは意気投合して同じ変革の道へと進んでいく。1845年夏には，2人で渡英し，ロンドンにおけるドイツ人労働者組織とも交流する。エンゲルスは，すでにその少し前に『イギリスにおける労働階級の状態』を出版し，当時もっとも進んだ資本主義国の労働者の状態がいかに悲惨なものであるかを告発している。帰国後，2人は，『ドイツ・イデオロギー』を共同執筆し，それまで依拠してきたヘーゲル(Hegel, F.)以降のドイツ観念論の総括を自己批判を込めて行うとともにそこからの決別を宣言する。後に，『経済学批判』序言において定式化される，いわゆる「唯物史観」の考え方がはじめてかなりまとまった形で示されるのもこの原稿においてである。しかしこの原稿は，2人の生前には公にされることはなく，「鼠どもがかじって批判するのに」まかされたのである。

　1846年1月に，2人は「共産主義通信委員会」を立ちあげ旗幟を鮮明にする。翌年5月には秘密結社「義人同盟」に加盟，この組織は翌6月に「共産主義者同盟」に改組される。8月にはブリュッセルの共産主義通信委員会を共産主義者同盟の支部とし，その公然組織として「ドイツ労働者協会」を同地に設置する。こうして，マルクスとエンゲルスとは，共産主義社会実現のための組織的活動に入っていくのである。そして，この年の11月にロンドンで開催された

共産主義者同盟第2回大会において,「階級と私有財産のない新しい社会の樹立」が方針として再確認され,マニフェストの起草がマルクスに委ねられたのである。そうして書かれた文書が『共産党宣言』であった。この原稿はドイツ語で書かれ,翌1848年1月には完成し,ロンドンに送られて2月には印刷に付されている。この『宣言』は,「妖怪がヨーロッパに出没する。共産主義という妖怪が。」で,はじまる短いリード文に続く,第1章　ブルジョアとプロレタリア,第2章　プロレタリアと共産主義者,第3章　社会主義的および共産主義的文献,第4章　種々の反対党に対する共産主義者の立場,の4章立ての構成からなり,「全世界のプロレタリア,団結せよ」をもって終わる。その内容はともかく,これまで彫磨されてきた,人間的解放の思想が共産主義者同盟というひとつの政治組織のマニフェストにまで仕上げられたところに最大の意義があるといえよう。

奇しくもちょうどこの時期,ヨーロッパは,ブルジョアジーの台頭と政治的自由を求める民衆たちの,王政に対する批判が頂点に達しようとしていた。革命と暴動の嵐がヨーロッパ全土を席巻しようとしていたのである。

主要な出来事をたどってみよう。1848年1月,イタリアのミラノでオーストリア(ハプスブルク王朝)の支配に反発するデモが暴徒化,シチリア島パレルモでも大規模な民衆蜂起がおき,蜂起はイタリア全土に広がる。ナポリ王が民主的な憲法制定を約束。2月にはトスカーナ大公もこれに続く。同じ月フランスでは,オルレアン朝ルイ・フィリップのもと1847年宰相となったフランソワ・ギゾー(Guizot, F.)の圧政に抗して民衆が蜂起,慌てた国王はギゾーを罷免するが暴動は収まらず,国王ルイ・フィリップは退位し国外に逃亡。臨時革命政府が樹立され,王政廃止が宣言される(第2共和政成立)。2月革命である。こうした動きはドイツにも及び,マンハイムやケルンでも政治的自由を求める集会やデモがおきる。こうしたなかでマルクスは,ブリュッセルを追われ,招請状が出ていたパリに戻る。さらにウイーン,ベルリンでも民衆蜂起がおこり(3月革命),オーストリア帝国宰相メッテルニヒ(Metternich, W. L.)が辞任,ロンドンへ亡命。こうした事態の推移をうけて,マルクスも4月ケルンに赴き,6

月には当地で『新ライン新聞』を発行する。1849年4月にはこの新聞に5回にわたって「賃労働と資本」を連載する。エンゲルスもドイツのエルバーフェルトに行き市街戦を指揮する。こうした動きに対してプロイセン政府は、5月マルクスにケルンからの追放令を発する。これにより『新ライン新聞』も5月19日号をもって廃刊となる。最終号は抗議の意を込めて赤刷りであったという。ケルンを追放されたマルクスは6月に一時パリに戻るが、そこも追放され、8月には最終亡命地となるロンドンに移住する。この頃になると、あれほど激しかった革命運動も急速に収束に向かう。皮肉にも19世紀の革命運動は、19世紀後半の国民国家の形成とともに、そのなかに絡め取られていくことになるのである。

(4) ロンドン時代

　マルクスの経済学研究が飛躍的な発展をみせるのは、この亡命の地ロンドンにおいてである。すでに述べたように、マルクス一家は、1843年10月にパリに移り住んで以降1848年革命の高揚期まで幾度となく亡命を繰り返し、経済学の研究は、その都度頓挫を余儀なくされた。革命の敗北を機にマルクスは、運動の第1線から退き、経済学の研究に本格的にとりくむことになる。この地で経済学の勉強をやり直さねばならなかった事情として、後にマルクスは次の3点をあげている。大英博物館で膨大な資料に接することができたこと、ブルジョア社会の発展にとっての当時のロンドンがもつ有利な位置、ブルジョア社会が新たな発展段階にさしかかったという認識、これである。確かに、他国に先駆けて産業革命を果たしたイギリスは、1846年の穀物関税法の撤廃後、綿工業を中心にめざましい発展を遂げ、「グレート・ビクトリア」といわれる無類の繁栄期を迎えるのである。まさに7つの海を支配するパクス・ブリタニカの到来であった。その意味では、マルクスの実生活における困窮状態からすると皮肉なことではあるが、当時もっとも発展した資本主義のもとでいつでも利用可能な最新のデータを手元に置いて経済学研究に従事することのできる「恵まれた」環境をマルクスはえたことになる。マルクスは、これまでの経済学の

研究を文字通り最初からやり直す決意をする。この研究の成果こそ大著『資本論』にほかならない。

　発展を続ける資本主義を眼前にして，もちろん経済学の研究が深まるにつれてではあるが，マルクスのブルジョア社会認識に大きな旋回がみられるようになる。

　それはまず，彼の経済学体系の構想（プラン）変更にあらわれてくるが，そこへいく前に，マルクスがパリ時代から開始した経済学の研究によって明らかにされ，これが明らかにされることによって以後の研究にとって「導きの糸」となったとされる，いわゆる「唯物史観の定式」について触れておきたい。この定式が最初に形をなすのは，すでに述べたように『ドイツ・イデオロギー』（1845年から46年にかけて執筆）においてであるが，定式化されるのは『経済学批判』においてである。少し長いがコンパクトにまとめられているので引用しよう。

　「人間は，その生活の社会的生産において，一定の，必然的な，かれらの意志から独立した諸関係を，つまりかれらの物質的生産諸力の一定の発展段階に対応する生産諸関係を，とりむすぶ。この生産諸関係の総体は社会の経済的機構を形づくっており，これが現実の土台となって，そのうえに，法律的，政治的上部構造がそびえたち，また，一定の社会的意識諸形態は，この現実の土台に対応している。物質的生活の生産様式は，社会的，政治的，精神的生活諸過程一般を制約する。人間の意識がその存在を規定するのではなくて，逆に，人間の社会的存在がその意識を規定するのである。社会の物質的生産諸力は，その発展がある段階にたっすると，いままでそれがそのなかで動いてきた既存の生産諸関係，あるいはその法的表現にすぎない所有諸関係と矛盾するようになる。これらの諸関係は，生産諸力の発展諸形態からその桎梏へと一変する。このとき社会革命の時期がはじまるのである。」（マルクス，1956：13）

　これに続いて諸変革をどう捉えるかが説かれ，いかなる社会構成も発展し尽

くすまでは決して崩壊しないこと，新しい諸関係はそれが古い胎内で孵化し終わるまでは決して古いものに取って代わることはないことが示される。そしてこれまで経済的社会構成が，アジア的，古代的，封建的，および近代ブルジョア的生産様式と進歩してきたこと，このブルジョア的生産関係をもって人びととの敵対的な関係は終わりを告げること，が語られる。そしてその理由としてブルジョア社会の胎内で発展する生産諸力がこの敵対関係解消の物質的諸条件をつくりだすからだ，と締めくくるのである。こうした主張は，確かにペティ (Petty, W.)が国力，国富の基礎を貴族的上部構造にではなく，「低俗・平板な基礎」(ペティ，1955：15)に求めて以来，古典派経済学の伝統に属するところではあるが，哲学的上部構造にどっぷりとつかってきたマルクスにとっては，おそらくは目から鱗の出来事であったことは想像にかたくない。こうした視点からマルクスは1848年から1851年までのフランスの動向を，『フランスにおける階級闘争』と『ルイ・ボナパルトのブリュメール18日』で，また1871年のパリ・コミューンの歴史的意義を『フランスにおける内乱』で臨場感をもって見事に描ききっている。ジャーナリストとしてのマルクスの面目躍如といった感もするが，この後もマルクスは『ニューヨーク・デイリー・トリビューン』紙に1851年から1862年まで，ヨーロッパや世界の政治・経済・社会に関するその時々のトピックなテーマを取り上げ，論評記事を投稿しているのである。

　では，肝心のロンドンにおける経済学研究の進展に話を戻そう。

　分析の対象は，それまでのブルジョア社会，市民社会という表現から明確に「資本主義的生産様式であり，これに対応する生産関係と交易関係」となり，解明されるべきは，「近代社会の経済的運動法則」(マルクス，1968a：8-10)であることが明言される。そのなかで，それまでの，とりわけ『共産党宣言』で示されたような，資本主義の限界を示すものとしての恐慌理解は姿を消し，生産力発展の契機を含む恐慌理解へとかわる。恐慌を一局面とする産業循環は，「近代産業の特徴的な生活過程」(マルクス，1968b：824)として捉えられ，資本主義にとってはむしろ常態であり，資本主義の発展経路であると認識されるようになるのである。それによって，恐慌から革命へという短絡的発想は転換される

ことになる。それと同時に資本主義の捉え方にも変化が生じる。資本主義をその生成・発展・消滅において明らかにしようとする視点は後退し，文字通りいまある資本主義を，日々その姿を変えるダイナミズムにおいて捉えようとする方向にその力点がおかれるようになる。その結果が幾度となく繰り返される，『資本論』草稿の書き換えという形をとってあらわれたと推察される。しかし，こうした展開は，マルクスにとっては経済学研究に欠かせない過程でもあった。「研究は，素材を細部にわたってわがものとし，素材のさまざまな発展諸形態を分析し，これらの発展諸形態の内的な紐帯を探りださなければならない。この仕事をすっかりすませてから，はじめて現実の運動をそれに応じて叙述することができるのである。」(マルクス，1968a：22)まさにマルクスにとっては，研究は叙述の不可欠な構成要因であったのである。

　ちなみに，現行版『資本論』は3部構成からなっている。第1部　資本の生産過程，第2部　資本の流通過程，第3部　資本主義的生産の総過程(マルクスの原稿では「総過程の態容」)である。

　『資本論』にいたるロンドンでの経済学研究の過程は，24冊の「ロンドン・ノート」執筆(1850年から53年)から始まり，「『経済学批判要綱』への序説」執筆(1857年8月)，『1857-58年草稿』執筆開始(1857年10月)，「経済学批判・序言」執筆(1859年2月)，『経済学批判』第1分冊出版(1859年6月)，『1861-63年草稿』執筆(1861年8月から63年7月)，『資本論』第1部草稿執筆(1863年8月から64年夏)，『資本論』第3部前半草稿執筆(1864年夏から年末)，『資本論』第2部第1草稿執筆(1865年前半)，『資本論』第3部後半草稿執筆(1865年夏から年末)，『資本論』全3部の草稿完成(1865年12月)，『資本論』第2部第3草稿執筆(1865年から67年)，『資本論』第1部初版出版(1867年9月)，『資本論』第2部第4草稿執筆(1867年から69年)，『資本論』第2部第2草稿執筆(1868年から70年)，『資本論』第1部第2版の準備に着手(1871年12月)，『資本論』第1部ロシア語訳出版(1872年3月)，『資本論』第1部第2版第1分冊出版(1872年7月)，『資本論』第1部フランス語訳第1回配本分出版(1872年9月)，『資本論』第1部第2版合本として出版(1873年6月)，『資本論』第1部フランス語

版最終分冊出版(1873年11月)，『資本論』第2部第5草稿(1877年4月から10月)，第6草稿執筆(1877年10月から78年2月)，第2部第7草稿執筆(1878年7月以降)，第2部第8草稿執筆(1880年から81年)，として示される(不破哲三，2003：279-311，参照)。『資本論』は全部で3部構成になっているが，マルクス自身が出版したのは，第1部だけであった。その後も草稿の書き換えが幾度となく行われ彫磨がなされている次第がみてとれる。実は，そのことがマルクスの死後，第2部以降の出版をまかされたエンゲルスの手をおそろしく煩わせることにもなるのである。

さて，こうした展開を遂げる『資本論』であるが，それとともに経済学体系のプランにも変更が加えられていく。

マルクスが自らの経済学体系の構想(プラン)を最初に示したのは，『1857-58年草稿』に収められた「『経済学批判要綱』への序説」「3 経済学の方法」においてである。そこで，経済学的諸範疇をそれが歴史的に生起する順番に並べることは誤りであると述べ，なぜならそれらの諸範疇はそれがおかれる社会的諸関係によって規制されているからだという。そして，「近代ブルジョア社会の内部でのそれらの諸範疇の編成こそが問題」(マルクス，1981：61)であることを説き，資本こそがいっさいを支配するブルジョア社会の経済力であり，これをもってはじめることが説かれる。そこで示された「篇別区分」とは，概略次のようである。① 一般的抽象的諸規定。多かれ少なかれすべての社会諸形態に通じる諸規定。② ブルジョア社会の内的編成をなし，また基本的諸階級がその上に存立している諸範疇として，資本，賃労働，土地所有をあげ，それらの相互関連，都市と農村，3大社会階級，これら3階級の間の交換，流通，信用制度(私的)，がかかげられる。③ ブルジョア社会の国家の形態での総括。不生産的諸階級。租税。国債。公信用。人口。植民地。移民。④ 生産の国際的関係。国際分業。国際的交換。輸出入。為替相場。⑤ 世界市場と恐慌，である(マルクス，1981：62)。続く本文において，基本的諸階級がその上に存立する諸範疇としての「資本，賃労働，土地所有」という順番が，「資本，土地所有，賃労働」に変更される(マルクス，1981：311)。また，ほぼ同じ頃マルクスがエ

ンゲルスに宛てた手紙(1858年4月2日付)では，全体が6巻に分けられ，① 資本について，② 土地所有，③ 賃労働，④ 国家，⑤ 外国貿易，⑥ 世界市場，となること，そして「資本」は4つの篇に分けられ，(a)資本一般，(b)競争，(c)信用，(d)株式会社，として論じられることが語られている(マルクス／エンゲルス，1971a：248)。

『経済学批判』序言においてもマルクスは，資本，土地所有，賃労働，国家，外国貿易，世界市場の順番で考察すること，前3項目は，3大階級の経済的生活諸条件をなすことが述べられる(マルクス，1956：11)。ただここでも，「序説」にあった「一般的抽象的諸規定」はなくなり，「世界市場」から「恐慌」のことばも消えている。そして，『経済学批判』第1巻第1部が商品，貨幣または単純流通，資本一般，からなることを述べたあと(現行『経済学批判』は第1分冊として出版され，それは第1部　資本について，第1篇　資本一般，第1章　商品，第2章　貨幣または単純流通，から構成されている)，「一般的抽象的諸規定」がなくなったことについて，これから証明しようとする結論を先回りして述べることは邪魔である旨の説明がなされる。一般的規定性は，近代ブルジョア社会の規定性をまとった形態によってこそ存在可能なのであって，一般的規定性それ自体としてはいかなる社会においてもそのままの形では存在しえないところからすると至極明快な措置であったように思われる。

ところで，いまひとつ，ここで「資本一般」ということばが使われていることにも留意しておく必要がある。このことば自体はすでに『1857-58年草稿』においても使われているが，そこでは，資本一般とは，「資本としての価値」，価値増殖する価値としての規定性において捉えられるか，さらには「資本の一般的概念」として，資本が生産と価値増殖・「実現」との「統一」において捉えられているが，実際にはこれら諸契機は外的な諸条件に結びつけられており，過程は困難を伴うこと，そして資本が実在的な形をとって「多数の資本」としてあらわれるようになると，これら諸契機は自立的な実在性をとるようになることが述べられ，そうした多数の資本の相互作用は，「競争」の項目のもとで取り扱われるとして「資本一般」からははずされてしまう。この点は，現行版

『資本論』の内容といちじるしい相違をなすのであらかじめ注意が必要である。

　そもそも，先にみた現行版『資本論』の3部構成のタイトルが最初に示されたのは，1866年10月13日付のマルクスからクーゲルマン(Kugelmann, L.)に宛てた手紙においてである(マルクス／エンゲルス，1971a：379)。『資本論』第1部が出版される1年前である。しかも，マルクスの最初の経済学書として出版された『経済学批判』の続きとして出される書物のタイトルが『資本』となること，そして「経済学批判」はその副題として付けられるにすぎないこと，を最初に提示したのも，1862年12月28日付のクーゲルマン宛の手紙であった。そこにおいて『資本』が『経済学批判』構想のなかで第3章とされていた「資本一般」からなり，競争や信用制度はこれに含まれないことが明言されるのである(マルクス／エンゲルス，1971a：322-323)。しかし，先にみたように現行版『資本論』には，もはやその篇別構成として「資本一般」という項目は存在しない。それはただ消えたというよりも内容上に変化が生じたものとみるのが妥当であろう。以下，どういう変化が生じていったのかみてみよう(現行版『資本論』の篇別構成については本章「3　物象化展開としての『資本論』」を参照されたい)。

　まず，当初「競争」の項目で取り扱われるはずであった「多数の資本」およびその相互作用が，後にみるように，すでに第2部　資本の流通過程，第3篇「社会的総資本の再生産と流通」として取り込まれるようになること，さらに一般的利潤率の平均化を呼び起こすような競争も，第3部　資本主義的生産の総過程，第2篇「利潤の平均利潤への転化」のなかに取り込まれること，また信用や株式会社についても第3部第5篇「利子と起業者利得との利潤の分裂　利子生み資本」などの篇に組み入れられていることである。いやそれどころか，「土地所有」，「賃労働」についても現行版『資本論』のなかに組み入れられるにいたる。第3部第6篇「超過利潤の地代への転化」において，土地所有は地代論として扱われる。賃労働については，まさに第1部第2篇「貨幣の資本への転化」以来，賃労働が価値増殖の源泉として，また賃金が現実の利潤の変動要因として，さまざまな形で取り上げられることになる。かつての資本の一般的概念としての「資本一般」の範囲を超える編成内容となっているのである。

いやむしろ，もはや当初の論じ方とは違ったものになっているといっても過言ではない。『資本』は，もはや3大階級の基礎のうちのひとつを明らかにするという論旨ではなく，資本主義社会の文字通り編成原理，編成の主体としてのそれであり，それ以外のさまざまな経済的諸契機は，運動のうちにそれに取り込まれていくものとして捉えられるにいたったこと，そうした資本のとる現実的な姿態，われわれの眼前にあらわれてくる形での資本の諸姿容にまで描ききること，そこでは，当然のごとく諸契機の内的な関連は，もはや不明となっている。その極致が，資本—利子，土地—地代，労働—賃金，の何の脈絡もない物象の連関とでもいえるような，いわゆる三位一体範式にほかならない。ここには，事柄の内的な関係もなければ，それがもたらされる人と人との関係も不明のままである。こうした資本主義社会の眼前にあらわれるごく普通の観念への，物象化の展開という形をみせるようになる。そうしたいわゆる発生論的な方法が，現行版『資本論』においてとられるようになったことを強調しておきたい。

　さて，こうした『資本論』にいたる経済学研究に励む一方で，マルクスには，これまで遠ざかっていた実践活動に入る機会が訪れる。それは，再び活発となった労働運動のなかで，1864年9月ロンドンにおいて「国際労働者協会」（第1インターナショナル）が設立されたことである。マルクスもこの結成に参加し，創立宣言と一般規約を執筆する。そして翌1865年6月には，国際労働者協会中央評議会の会議で「賃金，価格，利潤」について講演を行っている。エンゲルスも1869年6月には事業から手を引き，翌年9月にはロンドンに移り，マルクス家の近くに居を構える。前後するが，この年の7月に普仏戦争が勃発し，翌年3月，パリ・コミューンが成立する。5月には敗北してしまうが，これをうけて，先に触れたマルクス起草のよびかけ，『フランスにおける内乱』が国際労働者協会総評議会で採択される。パリ・コミューンの敗北を機に第1インターナショナルも分裂し存続不可能となる。その後，再びマルクスは，『資本論』にもどるが，第2部・第3部の準備のなかで，研究分野も広がり古代史，農学，地質学，土地所有史などにまで拡散し収拾に忙殺される。そうしたなか

でマルクスは，とうとう健康を害する。1874年には，湯治のために，ボヘミアのカールスバードにまで赴く。1875年4月から5月にかけて，『ゴータ綱領批判』(同年5月にゴータで開かれたドイツ社会主義労働者党結成のための綱領草案，ドイツ労働者党綱領草案に付したマルクスの評注)を執筆する。1881年12月2日に妻イェニーが死去。エンゲルスは，この時「マルクスも死んだ」といったそうである。それから1年半後の1883年3月14日，マルクスは永久の眠りにつく。64歳であった。

(5) 晩年のマルクス

　ここでは，マルクスの1870年代の思想を知るうえで貴重な文献である，先にあげた『ゴータ綱領批判』と，マルクス最晩年の1881年2月末から3月はじめにかけて執筆された「ザスーリッチへの手紙」とその草稿を取り上げる。

　前者において注目したいことは，綱領草案への評注という形をとりつつ，それまでのマルクスには禁欲的であった，未来社会としての共産主義社会についての論述がみられることである。マルクスは，共産主義社会を，資本主義社会から生まれたばかりの共産主義社会と発展した共産主義社会とに分け，前者にあっては，「経済的にも道徳的にも精神的にも，それが生まれてきた母胎である古い社会の母斑をまだ身につけている」がゆえに，個々の生産者は自分が与えたものと同じ量の労働を別の形で取り戻すという形をとる(もちろん必要な控除がなされた後に)。ここでは等価物交換と同じ原則が支配している。もちろん「生産手段の共有にもとづく協同組合的な社会の内部では」，個々人の労働は「直接に，総労働の諸構成部分として存在する」のであるから，生産物は商品におけるような物象的属性はとらないことが述べられる(マルクス，1975：35)。

　したがって，ここでの「平等な権利」とは，いまだ「ブルジョア的権利」であり，不平等な労働を前提とすればこれは不平等な権利でもある。「権利は，社会の経済的な形態とそれによって制約される文化の発展よりも高度であることは決してできない。」(マルクス，1975：38)ことが述べられる。これに対して，共産主義のより高次の段階において，諸個人が分業に従属しなくなり精神労働

と肉体労働との対立がなくなったのち，労働がたんに生活のための手段であるだけでなく，生活にとってまっさきに必要なこととなったのち，また諸個人の全面的な発展につれて生産諸力も成長し協同組合的な富があふれるばかりになったのち，そのときはじめてブルジョア的権利は踏み越えられ，「各人はその能力に応じて，各人にはその必要に応じて！」(マルクス，1975：39)ということばがかかげられる。確かに，ここにはいまのわれわれからすると，楽観的すぎると思われる未来社会像が描き出されているが，当時1870年代のマルクスが，その時代の歴史的な現実的制約のなかで，いかなる社会を展望していたかを知るうえで興味深い叙述であるように思われる。

　次に，「ザスーリッチへの手紙」とその草稿についてみよう。ザスーリッチ(Zasulich, V. I.)は，ロシアの女性革命家である。1872年3月には『資本論』第1部のロシア語訳がペテルブルグで出版されている。当時マルクスは，ロシアのインテリ層のなかではすでに注目される存在となっていた。問題は，『資本論』第1版序文のなかにある「たとえ一社会がその運動の自然法則を探りだしたとしても，」「その社会は自然的な発展の諸段階を跳び越えることも法令で取り除くこともできない。」(マルクス，1968a：10)とされている箇所である。これだと当時まだ農村共同体の残滓を残すロシアにとっては，『資本論』で示される収奪の段階を今後通らなければならないのか，それともそれを跳び越えてより高次な段階に進むことができるのかは，深刻な問題であった。これを問うたザスーリッチのマルクス宛の手紙に対する返信が1881年3月8日付で出される。

　それによると，耕作者の収奪による生産者と生産手段との分離が根底的になされたのはまだイギリスにおいてだけであるが，ヨーロッパも同様の経過をたどることを『資本論』フランス語版より引用した後，マルクスは，続けて，この「歴史的宿命性」は，西ヨーロッパ諸国に限定されるとし，その理由を，そこにおいてのみ「私的所有のひとつの形態から私的所有の他のひとつの形態への転化が問題となっている」のであるからと説く。それに対して，ロシアでは，農民の共同所有を私的所有に転化させることが問題となると述べ，さらにこの共同体がロシアにおいては「社会的再生の拠点」となりうること，そのために

は共同体におそいかかる有害な諸形態を除去し,「自然発生的発展の正常な諸条件」を確保してやることが必要であると説くのである(マルクス／エンゲルス, 1968：238-239)。こうした結論を書く前にマルクスは, 3度の下書きをつくっている。そのなかではさらに詳細な検討が加えられており, ロシアの共同体の生命力を共同的ありようと個人性との二重性のうちに捉え, その現実化がロシア共同体のもつ「構造的形態」とその帰趨をにぎる「歴史的環境」に依存することを明らかにする(マルクス／エンゲルス, 1968：390-391)。ここでマルクスが歴史の発展を一本調子のものとしては描いていないということ, そしてその実際は, あくまでも対象に対する具体的検討に委ねられなければならないとするマルクスの慎重な姿勢がそこから読みとれるように思われる。

2 資本主義の歴史的把握

すでにみてきたところからも明らかなように, マルクスの経済学の基本的な特徴は, 資本主義を歴史的に捉えるところにあるといえよう。資本主義を歴史的に捉えるとは, 文字通り歴史的文脈のなかで捉えるということであり, それは資本主義を継起的な存在——運動体——としてみることを意味する。このことは, 資本主義の解明の仕方に反映する。ひとつの歴史的システムとして資本主義を捉えることである。歴史的に形成された生産諸関係とそのもとでつくりだされる生産力の維持発展, この維持発展を担うことができる限りでその生産諸関係には正当性が与えられる。逆に維持発展を担えなくなると, この生産諸関係は変革を余儀なくされ, 別のものに取って代わられる。「唯物史観の定式」でみたところである。ではマルクスは, 実際の資本主義の分析にこれをどう適用, 理論化していったのであろうか。生産諸関係の基本を資本が労働力を取り込むところに求める。資本と賃金労働の関係の成立である。価値増殖体としての資本が, 労働を自らのうちに包摂するのである。そこでは資本家は, 資本の人格化として生産手段の所有者(階級)としてあらわれ, 賃金労働者は, 自らの労働を実現するための生産手段をもたず自分の労働力を商品として生産手段の所有

者に売る以外，生活を維持していくことのできない人びと(階級)としてあらわれる。

ところで，価値増殖体としての資本の系譜は，貨幣を貸して高利をえる高利貸し資本にまで遡るであろう。おそらくその後この価値増殖は，遠隔地貿易に従事する商人たちによっても担われていくことになる(商人資本)。安く買って高く売る世界である。いずれも共同体の内部で細々と生きながらえているか，共同体と共同体との間での交易として価値(貨幣)は増殖されていたといえよう。共同体本体では奴隷制であれ，封建制であれ，社会的剰余が，まったく別の形で一方は奴隷と奴隷所有者の関係のなかで，他方は農奴と領主との関係のなかでの賦役や年貢として生産されていたのである。そうした共同体の間隙をぬって，資本は細々と価値増殖を繰り返していたのである。

近代に入ると，市民社会の成立のなかで対等平等の関係のもとで労働力が商品として売買の対象とされる。労働力が商品化されることによって商品世界は格段の発展を示す。労働者が生きていくためには，必要な生活物資を商品として買わなければならないからである。資本主義社会は，それまでにないほどの商品市場の拡大をもたらす。

では，資本は，等価交換を想定していかにして社会的剰余(剰余価値)を生産するのか。それは唯一価値を生産することのできる労働力の購入によってである。剰余価値(剰余労働時間)＝新たに生産された価値—労働力の価値(必要労働時間)によって与えられる。剰余価値を増やすには，新たに生産される価値を増やす(絶対的剰余価値の生産)か，労働力の価値を減らす(相対的剰余価値の生産)か，あるいはその両方(絶対的および相対的剰余価値の生産)によってである。絶対的剰余価値の生産は個別資本(家)によって可能であるが，相対的剰余価値の生産は社会的にしかなしえない。なぜなら労働力の価値は，生活必需品の価値によって決まるからである。価値は，それに体現される社会的平均労働の量によってきまるから，この量が減らないかぎり労働力の価値は低下しないのである。ではいかにしてか？　ここで個々の資本(家)の指向として他の資本(家)より多くの剰余価値を手に入れようとする，まさに特別剰余価値の取

得指向にほかならない。そのために個々の資本(家)は，より生産力の高い生産方法を開発し採用しようとする。つまり，特別剰余価値＝社会的価値—個別的価値によって与えられる特別剰余価値の取得を目指して個別的価値を下げようとするのである。この指向性が社会的な広がりをもつことによって社会的価値自体が低下し，特別剰余価値は消滅する。この時点ではじめて生活必需品の価値が低下し，労働力の価値が低下するのである。これが資本主義生産のもとでの価値増殖の方法に他ならない。したがって資本は新生産方法の採用，より生産効率の高い機械などの採用を価値増殖の不可欠の契機となすのである。ここでの労働の社会的生産力，あるいは社会的労働の生産力の発展がまさに資本の生産力として作用し，剰余価値増産の原動力となることを意味する。これこそ，ただ労働力を購入して働かせる，資本のもとへの「労働の形式的包摂」に対して，資本による「労働の実質的包摂」といわれるゆえんにほかならない。

　ところで，マルクスには資本主義を歴史的に捉えるさい，これとは異なった視点からの歴史的把握が存在する。そのいくつかをあげておこう。

　まず『経済学批判要綱』第1分冊，「貨幣に関する章」において示されたものがある。それは，人格的依存関係—物象的依存関係—自由な個体性，の文脈のなかで捉えられる歴史把握である。そこでは，相互に独立した諸個人による商品・貨幣による物象的依存関係にある商品生産社会(ここにおいて狭い人格的な結びつきを超えてはじめて開かれた人間同士の関係が成立する。しかしそれは物象相互の関係を媒介にして人間関係が成立するために人間関係それ自体は隠蔽され，その脈絡がみえなくなってしまい，まさに諸個人の意識から独立して動く物象依存の関係が現出する)を真ん中に据えて，それ以前が諸個人の労働もその生産物も直接ひとつの共同団体の成員として行われ，処理されるかなり閉ざされた空間における人格的依存関係の社会，それ以降が諸個人の普遍的な発展の上に築かれた，また諸個人の共同体的，社会的生産性を諸個人の社会的力能として服属させることの上に築かれた，自由な諸個人の自覚的な結びつきからなる自由な個体性の社会として描かれている。

　さらに違った視角からする歴史把握が，『資本論』第1部第7篇「資本の蓄

積過程」における「資本主義的蓄積の歴史的傾向」のなかで示される。いわゆる「取得法則の転変」としてである。それは，自分の労働に基づく個人的な私有—資本主義的私有—個人的所有の再建という文脈で捉えられる。この把握は，先の「ザスーリッチへの手紙」において，西ヨーロッパに限定された歴史把握である。それは，資本の歴史的生成を「自分の労働に基づく私有の解消」のうちに求め，この労働者が自分の生産手段を私有していることが小経営の基礎であり，ここに社会的生産と労働者自身の自由な個性との発展にとっての基礎があること，しかしこの生産様式のもとでは，生産手段の集積が排除され，協業や分業，自然に対する社会的規制，社会的生産諸力の自由な発展も排除され，生産と社会の狭い限界のもとでしか調和しないことが指摘され，遅かれ早かれこの生産様式は滅ぼされ，個人的で分散的な生産手段は社会的に集積された生産手段に転化し，多数の人びとの矮小所有は少数者の大量所有に転化するとされる。まさに「直接的生産者の収奪」にほかならない。こうして自分の労働に基づく私有は他人の労働に基づく資本主義的私有に転化するのである。この転変は，ここでは止まらない。今度は収奪は，資本主義的生産の内在的な法則に従って諸資本間で展開し，諸資本の集中を呼び起こす。大資本家の数が減っていくにつれて，貧困，抑圧，隷属，堕落，搾取も増大していく。資本独占は，この生産様式の桎梏となる。生産手段の集中と労働の社会化とは，ますますその資本主義的「外皮」と調和しなくなる。「資本主義的私有の最期を告げる鐘が鳴る。」(マルクス，1968b：995)かつて『経済学批判』序言において「唯物史観」として語られた内容が，ここに見事に具体化されていることをみる。そこで，「敵対関係の解決のための物質的諸条件」とされていた「ブルジョア社会の胎内で発展しつつある生産諸力」とは，ここでいう「ますます大きくなる規模での労働過程の協業的形態，科学の意識的な技術的応用，土地の計画的利用，共同的にしか使えない労働手段への労働手段の転化，結合的社会的労働の生産手段としての使用によるすべての生産手段の節約，世界市場の網のなかへの世界各国民の組み入れ」である。そして，こうした基礎のうえに個人的所有を再建することが語り出されているのである。かつて若い頃のマルクスが「ユダヤ

人問題によせて」のなかで描いていた，人間的解放のポイントとして解放の主体があくまでも個人であること，そしてその本質が類としての共同存在の回復にあること，この思想が見事に『経済学批判要綱』から『資本論』にいたる過程のなかでより具体的な形でひとつの理論にまで高められた姿をみるのである。

　いまひとつ，マルクスの歴史把握を示すものとして，同じ『資本論』第3部第7篇「諸収入とその源泉」のなかにある，いわゆる「必然性の国」と「自由の国」についての叙述がある。社会の現実の富も再生産過程の不断の拡張可能性も，剰余価値の長さではなく労働の生産性にかかっていること，そのための生産条件のいかんにかかっていると述べた後，「自由の国」とは，必要に迫られての労働や外的な合目的性に迫られての労働がなくなったところで，本来の物質的生産のかなたにおいて始まるという。したがって，結合された生産者たちが，物質代謝を合理的に規制し，自分たちの共同的統制のもとで行う場合も依然いまだ「必然の国」である。真の自由の国とは，このかなたで人間の力の発展が自己目的としてなされるところで始まると。この国は，ただ必然性の国のうえにのみ花開くことができるという。そして「労働日の短縮こそは根本条件である。」（マルクス，1868e：1051）と。労働日の短縮こそ労働生産性のなせる技にほかならない。イギリスにおける工場法の推移と10時間労働法の制定に重大な関心を払い続けたのもマルクスであった。

　このようにみてくると，人と人との関係のあり方，所有関係，労働のあり方（自然との関わりを含む）の視点から歴史を捉え返えそうとするマルクスの姿勢が浮かびあがってこよう。そこに一貫して流れている思想は，あくまでも一人ひとりの人間の解放であった。われわれが，日々営みを続ける社会をこうした眺望のなかで眺めてみるのも一興であろう。

3　物象化展開としての『資本論』

　マルクスは，人間の営みを人間と人間との関係，人間と自然との関係において捉える。そして何よりもその営みがある一定の人間関係のもとで，ひとつの

システムをなして行われると説く。この関係は，生産諸力の発展とともに変化していく。ときに穏やかに，ときに激しく変化するのである。したがっていかなるシステムも可変的であり経過的である。こうした認識のもとに，システムはその肯定的な理解のうちに否定的な理解を含むものとして捉えられることになる。こうした「資本主義社会の矛盾に満ちた運動」(マルクス，1968a：23)は，周期的に繰り返す産業循環，とりわけその一局面をなす恐慌のうちに集中的にあらわれる。そうであるが故に，マルクスは，この動きに最大の注意を払ったのである。

この視点から，現行版『資本論』で示されるいくつかの論点をみていくことにしよう。まず，『資本論』の篇別構成をかかげる。

　第1部　資本の生産過程
第1篇　商品と貨幣
第2篇　貨幣の資本への転化
第3篇　絶対的剰余価値の生産
第4篇　相対的剰余価値の生産
第5篇　絶対的および相対的剰余価値の生産
第6篇　労賃
第7篇　資本の蓄積過程
　第2部　資本の流通過程
第1篇　資本の諸変態とその循環
第2篇　資本の回転
第3篇　社会的総資本の再生産と流通
　第3部　資本主義的生産の総過程
第1篇　剰余価値の利潤への転化と剰余価値率の利潤率への転化
第2篇　利潤の平均利潤への転化
第3篇　利潤率の傾向的低下の法則
第4篇　商品資本および貨幣資本の商品取引資本および貨幣取引資本への転

　　　　化(商人資本)
　　第5篇　利子と企業者利得とへの利潤の分裂　利子生み資本
　　第6篇　超過利潤の地代への転化
　　第7篇　諸収入とそれらの源泉

　まず，冒頭が「商品」になっていることである．資本主義的生産様式が支配的な社会においては，富が商品の形をとっていることがまず確認される．すでにここにおいて，資本主義の形態規定性をまとったものから話が始められようとしている点に留意されたい．ここでは，富一般が問題ではないのである．その資本主義のもとでの姿が問題なのである．そして商品は，使用価値と価値という二側面からなることが説かれる．商品は，自らの運動により貨幣を産み落とす．産み落とされた貨幣は，流通手段としての媒介性と蓄蔵貨幣としての自立性との間に深刻な矛盾を生じさせ，時に市場を撹乱に陥れることになる．ここに，マルクスは，恐慌の可能性をみる．
　さらに進んでこの規定性は，第2部第3篇「社会的総資本の再生産と流通」において，固定資本の補填を巡る再生産の円滑な進行のための条件としての減価償却値積立金の額と更新投資額との一致命題および蓄積基金の積立額と現実の蓄積額との一致命題として，さらに進んだ規定性が与えられるのである．マルクス流の貯蓄＝投資命題に他ならない．過程の正常な進行のための条件は，不正常な進行の条件に転化するのである(恐慌のいっそう進んだ可能性)．これこそ，マルクスの捉え方である．
　さらに第3部第3篇「利潤率の傾向的低下の法則」においては利潤率が，剰余価値率と資本の有機的構成(可変資本(投下資本のうち労働者を雇用するのに投資される部分)に対する不変資本(投下資本のうち生産手段に投資される部分)の比率．これは機械と労働者数のように一定の技術水準のもとでは物理的に一定の大きさであり，それを反映するかぎりでの価格構成である資本の有機的構成も一定の値となる．したがって，生産方法を改善することによって資本の有機的構成は高度化すると考えられる．)との2つの要因によってその大きさが決

まることをみ，資本蓄積に伴う労働の社会的生産力の発展によって両方の要因が利潤率に対しては逆の影響を及ぼしあうことを明らかにし，かなり不安定な動きを示すことが述べられる。

最後に，第3部第4篇「（商人資本）」にあっては，商人資本の運動は，流通部面における産業資本の運動でしかない（内的な依存性）にもかかわらず，その独立化のために（外的な独立性），ある範囲のなかでは再生産過程の限界を超えて運動することができる。それゆえ，再生産の内的な関連が暴力的に恐慌によって回復されるところまでいってしまうような状況をつくりだすことが指摘される。商人資本は，信用制度と結びついて，再生産過程を弾力化させ，架空の需要をつくりだすのである。こうした資本の特殊化，自立化が進行していくにつれて，本来の内的な関係は忘れ去られ，独自な行為が横行するようになる。それだけ，ますますシステムは，不安定さを増すことになるのである。まさに，必然が偶然によって担われる社会としての資本主義に特有な不安定さをマルクスは，景気循環のうちにみ，叙述の進展のなかで，その具体化を試みていったのである。

機械制大工業の進展のなかで資本の価値増殖欲は現実味を帯び，その一方で同じ機械制大工業の進展が労働者に対してはその賃金を引き下げる方向に作用し，「大衆の消費制限」を画するにいたる。ここに，マルクスは，あらゆる現実の恐慌の究極の根拠を見出すのである。その現実態が，『資本論』の展開が進むにつれてわれわれの眼前にある姿態で，それがいったい何なのかを問いつつ，ますます矛盾に満ちた運動を展開していくことをマルクスは示したのである。その究極的な表現こそ，「資本主義的生産の真の制限は，資本そのものである。」（マルクス，1968d：313，傍点は原文のまま）であった。

● 注

1) マルクスの主著はいうまでもなく『資本論』であるが，これについては一言しておかねばならない。まず何よりも『資本論』は未完であったということである。現在広く流布している現行版『資本論』は，3巻3部構成からなるが，そのうち

第 1 巻第 1 部のみマルクス自身の手によって 1867 年に刊行されたが，残り 2 巻は，エンゲルスによってマルクスの死後刊行されたものである（第 2 巻第 2 部は 1885 年に，第 3 巻第 3 部は 1894 年にそれぞれ刊行）。そのために第 2 巻と第 3 巻については，どこまでがマルクス自身の執筆によるものなのかが判然とせず爾来「マルクス・エンゲルス問題」を呼び起こすこととなった。幸い，長年にわたって進められてきた MEGA（Marx/Engels Gesamtausgabe マルクス＝エンゲルス全集）の編集作業のなかで「『資本論』とその準備労作」（全 15 巻，23 分冊）を示す第 II 部門が 2012 年 9 月に完結した。これにより，マルクス自身の執筆による『資本論』と現行版との異同が明らかになった。

2) ここで，エンゲルスについてあらかじめ触れておく必要があろう。彼は，1820 年 11 月 28 日，ラインラントの工業都市バルメンで生まれる。ギムナジウムを退学後，父の会社で働き実業家として身を立て，後にイギリスのマンチェスターに共同で会社を興し，経営に携わる。その一方で，若くして兵役義務を果たすためにベルリンに赴き，青年ヘーゲル派の人びとと親交をもち，哲学に触れる。早くから著述に専念したり，新聞社に投稿したりと偉才を放つ。イギリスに滞在するようになって，労働運動やチャーチストとの接触など多彩な人脈をつくりあげる。後にマルクスとの再会以降は，マルクスへの金銭的援助を惜しまず，学問的な交流，実践面での協力関係をとりながら，終生マルクスを支え続けるのである。マルクスの死後は，その膨大な著作の整理に当たり，数々の出版物を世に送ることになる。まさに，マルクスの盟友であった。

● 参考文献

内田義彦（1966）『資本論の世界』岩波書店
エンゲルス，F. 著，藤川覚訳（1954）『フォイエルバッハ論』大月書店
大谷禎之介編（2007）『21 世紀とマルクス資本システム批判の方法と理論』桜井書店
大村泉（1998）『新 MEGA と《資本論》の成立』八朔社
大村泉・宮川彰編（1992）『メガ（MEGA）の継承のために マルクスの現代的探求』八朔社
久留間鮫造他編（1966）『資本論辞典』青木書店
現代の理論編集部編（1981）『マルクス・コメンタール II』現代の理論社
篠原敏昭・石塚正英編（1998）『共産党宣言―解釈の革新』御茶の水書房
杉原四郎・佐藤金三郎編（1975）『資本論物語 マルクス経済学の原点をさぐる』有斐閣
種瀬茂（1986）『経済思想』青木書店
土屋保男（2011）『マルクス エンゲルスの青年時代』新日本出版社

土屋保男編訳（1955）『マルクス回想』大月書店
中川弘（1997）『マルクス・エンゲルスの思想形成―近代社会批判の展開―』創風社
服部文男（1999）『マルクス探索』新日本出版社
ペティ，W. 著，大内兵衛・松川七郎訳（1955）『政治算術』岩波書店
林信吾（2010）『超入門『資本論』マルクスという生き方』新人物往来社
平田清明（1980～83）『コンメンタール『資本』1～4』日本評論社
廣松渉著・井上五郎補注（1980）『マルクスの思想圏　本邦未紹介資料を中心に』朝日出版社
デュラン，P. 著，大塚幸男訳（1971）『人間マルクス―その愛の生涯―』岩波書店
ブリッグス，A. 著，大内秀明監修・小林健人訳（1983）『グラフィック・ベンチャー　マルクス　イン　ロンドン　ちょうど100年前の物語』社会思想社
不破哲三（2003）『マルクスと『資本論』③ 再生産論と恐慌・下』新日本出版社
不破哲三（2012）『『資本論』はどのようにして形成されたか　マルクスによる経済学変革の道程をたどる』新日本出版社
的場昭弘（1986）『トリーアの社会史　カール・マルクスとその背景』未来社
マルクス，K. 著，武田隆夫・遠藤湘吉・大内力・加藤俊彦訳（1956）『経済学批判』岩波書店
マルクス，K. 著，中原稔生訳（1960）『フランスにおける階級闘争』大月書店
マルクス，K. 著，杉原四郎・重田晃一訳（1962）『マルクス　経済学ノート』未来社
マルクス，K. 著，大内兵衛・細川嘉六監訳（1968a）『資本論』第1巻第1分冊（大月書店）
マルクス，K. 著，大内兵衛・細川嘉六監訳（1968b）『資本論』第1巻第2分冊（大月書店）
マルクス，K. 著，大内兵衛・細川嘉六監訳（1968c）『資本論』第2巻（大月書店）
マルクス，K. 著，大内兵衛・細川嘉六監訳（1968d）『資本論』第3巻第1分冊（大月書店）
マルクス，K. 著，大内兵衛・細川嘉六監訳（1968e）『資本論』第3巻第2分冊（大月書店）
マルクス，K. 著，村田陽一訳（1970）『フランスにおける内乱』大月書店
マルクス，K. 著，村田陽一訳（1971）『ルイ・ボナパルトのブリュメール18日』大月書店
マルクス，K. 著，望月清司訳（1975）『ゴータ綱領批判』岩波書店
マルクス，K. 著，資本論草稿集翻訳委員会訳（1978～94）『マルクス　資本論草稿集②』～『マルクス　資本論草稿集⑨』大月書店
マルクス，K. 著，資本論草稿集翻訳委員会訳（1981）『マルクス　資本論草稿集

①』大月書店
マルクス，K. 著，江夏美千穂・上杉聰彦訳（1979）『フランス語版資本論』上巻・下巻，法政大学出版局
マルクス，K. 著，長谷川宏訳（2010）『経済学・哲学草稿』光文社
マルクス，K. 著，金塚貞文訳・柄谷行人付論（2012）『共産主義者宣言』平凡社
マルクス，K. 著，森田成也訳（2014）『賃労働と資本／賃金・価格・利潤』光文社
マルクス，K. ／エンゲルス，F. 著，大内兵衛・細川嘉六監訳（1959）『マルクス＝エンゲルス全集』第1巻（大月書店）
マルクス，K. ／エンゲルス，F. 著，大内兵衛・細川嘉六監訳（1968）『マルクス＝エンゲルス全集』第19巻（大月書店）
マルクス，K. ／エンゲルス，F. 著，岡崎次郎訳（1971a）『マルクス＝エンゲルス資本論書簡⑴1844年－1866年』大月書店
マルクス，K. ／エンゲルス，F. 著，岡崎次郎訳（1971b）『マルクス＝エンゲルス資本論書簡⑵1867年－1882年』大月書店
マルクス，K. ／エンゲルス，F. 著，岡崎次郎訳（1971c）『マルクス＝エンゲルス資本論書簡⑶1883年－1895年』大月書店
マルクス，K. ／エンゲルス，F. 著，廣松渉編訳・小林昌人補訳（2002）新編輯版『ドイツ・イデオロギー』岩波書店
良知力（1971）『初期マルクス試論──現代マルクス主義の検討とあわせて──』未来社
良知力（1971）『マルクスと批判者群像』平凡社
良知力（1978）『向う岸からの世界史──ひとつの48年革命史論──』未来社
良知力（1987）『ヘーゲル左派と初期マルクス』岩波書店
歴史学研究会編（1994）『世界史年表』岩波書店

第5章

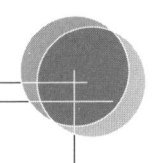

歴史学派の経済思想

1 歴史学派の時代背景

　歴史学派とは，古典学派に対する批判として，とくに資本主義の後発国であるドイツにおいて19世紀中葉から20世紀初頭にかけて生成・発展した経済思想のグループである。そこに属する人びとは，古典学派が抽象的・演繹的な方法を駆使して歴史の時空を超えた普遍妥当性を志向する経済理論を構築し，それを実際の経済政策に適用しようとしたことに反対し，自らは実証的・帰納的な方法を重視しつつ，各国の社会経済的諸状況をその国の歴史・伝統・慣習，さらには法体系などを踏まえたうえで浮き彫りにし，各国民経済の実状に即した具体的・個別的な経済理論を提示し，それを政策に反映すべきことを主張した。

　歴史学派は，一般に次の3世代に区分される。すなわち，「歴史的方法」を提唱して学派の創始者とされたロッシャー(Roscher, W.)，ヒルデブラント(Hildebrand, B.)，クニース(Knies, K.)の「旧歴史学派」，学派の領袖と目されるシュモラー(Schmoller, G.)，ブレンターノ(Brentano, L.)らの「新歴史学派」，さらに「資本主義」概念を提起したゾンバルト(Sombart, W.)，ヴェーバー(Weber, M.)らに代表される「最新歴史学派」である。近年の研究成果によれば，ケインズ(Keynes, J. M.)とならび評価されることの多いシュンペーター(Schumpeter, J. A.)もまた「歴史学派の子」であり，「最新歴史学派」に帰属する人物としてみなされている。単にドイツ国内にとどまらず，イギリスやアメリカ，そして日本の草創期の経済学にも大きな影響を及ぼした彼らの経済思想をみる前に，まずは歴史学派の時代背景について説明する。

　19世紀初頭のドイツは，プロイセン，バイエルン，ザクセン，ヴュルテン

ベルクなど実に300有余の諸領邦に分裂しており，その経済的・物質的発展は，世界に先駆けて産業革命を達成したイギリスに比べてはるかに遅れていた。当時のドイツの為政者にとって最大の関心は，統一された国民国家の形成とそれに伴う広域市場の確保，域内関税の撤廃を通じて祖国における経済の近代化を一刻も早く実現させることにあった。もとより，経済的後発国であるドイツが，イギリスと同様の近代化のプロセスを歩むはずはない。そのことをもっとも強く自覚し，かつ保護主義の立場から後発国の工業化について議論したのが，歴史学派の先駆者として名高いリスト (List, F.) である。

リストは，主著『政治経済学の国民的体系』(1841)において，自由貿易を唱道する古典学派の経済学を最先進国イギリスの利益を支える戦略的イデオロギーにほかならないと批判し，経済の発展段階が未成熟なドイツその他の後発諸国にとっては国内の工業を育成するためにも保護貿易が不可避であると主張した。リストによれば，一般に温帯諸国は，①未開，②牧畜，③農業，④農工業，⑤農工商業，の5段階の順序で発展する。現状，自由貿易が効果を発揮するのは経済発展が第5段階に達したイギリスのみであり，ドイツのように第3段階から第4段階に移行しつつある国では国内産業の保護が要請される。かくて，経済学は抽象的普遍的な体系(＝世界主義的経済学)ではありえず，各国の経済発展段階に応じた国民経済学でなければならない。このように考えるリストは，スミスの「交換価値の理論」を批判し，「国民的生産力の理論」を確立しようと試みた。彼のいう「国民的生産力」とは，工業生産の拡大と流通を促進する精神的・制度的諸要因をも包含する概念として捉えられている。具体的には，当時のドイツにいまだ備わっていなかった貨幣・度量衡の統一であり，契約尊重精神の涵養などであった。ここには明らかに歴史学派の経済思想の原型が刻印されているといえようが，かかるリストの国民経済学生成の母胎となった後発国ドイツの工業化は実際いかにして実現されていったのであろうか。

ドイツの産業革命は，1830年代後半から1870年代にかけて遂行された。フランス革命の強烈な余波は，ナポレオン軍隊の占領を伴いつつ，ドイツ各領邦に封建的な旧体制の変革，とりわけ「農民解放」を促していく。ただし，英仏

のような独立自営農民が創出されたのは，ドイツではエルベ河以西のライン地方に限られ，西南ドイツや東エルベでは旧来の領主農場はむしろ拡大され，市民的変革も不徹底に終わった。なぜなら，1807年「10月勅令」に始まるシュタイン＝ハルデンベルクの改革では，農奴制の廃止，移動や職業選択の自由などを認めながらも，農民は保有地の3分の1から2分の1を領主に割譲するか，もしくはきわめて高額の貨幣を支払うかしなければ，「自由」を得ることはできないと規定されたからである。その結果，大多数の零細農民が生み出されるとともに，とくに東エルベでは，土地所有を拡大した領主層を基軸として大規模なユンカー経営が確立された。こうして，プロイセン＝ドイツでは，旧体制を温存させつつ「上からの工業化」が進展することになる。

　さて，ドイツの産業革命は，イギリスと同様，繊維産業から始まった。西部ドイツのライン地方やザクセンでは，綿工業を中心に中産的生産者層を担い手とする機械制大工業への移行が進んだが，イギリス綿工業が世界市場に占める圧倒的地位に加えて，領邦国家ドイツの国内市場は狭隘かつ幼弱であったので，機械化の進展は緩慢であった。かくて産業革命の本格的な展開には，保護貿易主義者リストの悲願でもあった強力な統一的国内市場の創出，すなわちドイツ関税同盟の結成（1834年）を俟たなければならなかった。もっとも，プロイセン主導で実現されたこの関税同盟は，穀物の自由貿易を要求する東エルベのユンカーたちの圧力もあり，国内の綿工業を保護する有効な対策を講じることができなかったので，ドイツはなおしばらくの間，綿糸輸入国にとどまった。

　消費財部門のかかる緩慢な発展に対して，1840年代以降本格化した国家主導の鉄道建設と，これに付随する鉱山・製鉄業，機械工業の急激な成長には目を見張るものがあった。ドイツ産業革命は，「後発の利益」を生かしつつその初期から軽工業よりも重工業に高い比重をかけて遂行されたのである。わけてもプロイセン政府は，ウィーン会議（1815年）で得た西エルベの工業的新領土（ライン・ヴェストファーレン）と東エルベの農業的旧領土（プロイセン）との結合を強化する必要から，鉄道建設を国家的事業として推進し，それとともにドイツ重工業の中心は，シュレージェンからライン・ヴェストファーレンへと移行

していった。こうして，この地には採炭・製銑・精錬・圧延・鉄加工が密集するルール重工業地帯が1850年代に形成された。なお，重工業にいちじるしく偏ったこの時期の産業発展には莫大な初期費用を要したが，この資金調達を可能にしたのは，正規の銀行業務のみならず発起業務をも行う「特殊ドイツ型銀行」であった。1853年創設のダルムシュタット商工銀行はその著名な例である。

このように，ドイツ産業革命は，東エルベのユンカー的農業生産と西エルベのルール重工業という国民経済の2つの支柱を創出しつつ，1871～73年の会社設立期をもって終了する。その最中の1871年，ドイツ諸邦はビスマルクによって政治的に統一されたが，それは東エルベ優位の統一であり，「ドイツのプロイセン化」を意味していた。かくて，ユンカーと産業資本家とが結託し癒着する特殊な類型の資本主義（＝「政治志向的資本主義」）が確立したのである。

ドイツを含めた西洋諸国における工業化の完遂以降，世界経済は19世紀末に4半世紀に及ぶ大不況を経験する。これを転機としてイギリスによる工業独占は崩壊し，ドイツとアメリカが新興の重化学工業（鉄鋼・電機・化学）の発展に乗じて台頭した。両国では生産と資本の集積・集中が進行し独占資本が形成されて，株式会社形態をとる大企業が経済活動の中枢を担うようになる。かくて，自由貿易体制は解体し，関税障壁，資本輸出，植民地分割を伴う帝国主義の時代が幕を開ける。こうした世界経済の構造的転換を背景としてドイツでは，製鉄業とユンカーが結託して1879年，保護主義的関税改革が行われた。いわゆる「穀物と鉄の同盟」である。それ以降，カルテルは急増し，また大銀行による大企業への援助が増すなかで双方の癒着によって「金融資本」（ヒルファディング）とよばれる新しい資本形態が登場した。

他方で，対外的にはアメリカに比肩する工業国家へと成長を遂げたドイツは，国内では旧来の手工業者・小営業者の夥しい数の没落，労使間の経済的格差の急速な拡大とそれに起因する社会的対立の増大といった深刻な「社会問題」に直面していた。学術的な立場からこれに対する独自の処方箋を提起するために，1872年，シュモラーが中心となって「社会政策学会」が結成された。社会政策学会に結集した人びととは，社会主義でも自由放任主義でもない第三の道とし

て「社会政策」を要求したのであり，その主な目的は，工場法の制定，団結権の承認，住宅問題の解決など制度的諸前提の整備を通じて平和な労使関係，公正な所得分配，健全な市場競争を実現することにあった。彼らは，かかる社会政策によって，統一されたドイツ帝国の国民的分裂を回避しようとしたのである。

　大不況後の先進諸国による保護貿易体制への移行は，先進国(中心工業国)同士の植民地獲得競争を激化させ，帝国主義を導くとともに，そのひとつの帰結として第1次世界大戦が勃発する。国家が戦争遂行のために資本，労働力，自然資源，科学技術を動員した，この人類初の「総力戦」は，ゾンバルトもいうように，資本主義の「転換」を生み出す重大な契機となった。その「転換」の内容としてなによりも注目されるのは，大戦以降，国家が経済活動に積極的に介入する「管理経済」が成立したことである。すなわち，それが意味するのは，個人主義ないし自由主義と結合し，市場メカニズムを資源配分の基本原理とした19世紀的な資本主義からの「転換」であり，具体的にはマクロ的経済管理の開始と国家による経済の組織化，市場経済への介入と統制を重視する「現代資本主義」の生誕であった。財政・金融，産業・労働，社会保障など，さまざまな分野で国家が経済活動を直接ないし間接に管理・指導する「現代資本主義」の淵源は，まさしく第1次世界大戦下での戦時経済体制にこそ見出されうるのである。

　4年4カ月にも及ぶ長期戦となったこの戦争で，イギリス・フランスを中心とする連合国に敗れたドイツの経済は，以降急速に弱体化する。1921年に賠償委員会は，1,320億金マルクという天文学的金額の支払いをドイツに命じたが，翌年にはたちまち支払い困難に陥り，フランスとベルギーはこれに抗議してルール地帯を占領した。紛争が頻発し，ドイツ政府は，企業や銀行に巨額の金融援助を行った。その結果，ハイパー・インフレーションがおこり，マルクの価値は戦前の1兆分の1にまで下落したといわれている。その後，アメリカの連邦予算局長であったドーズ(Daws, C. G.)を委員長に据えた国際委員会が設置され，ドイツに対して8億金マルクのドーズ公債が発行された。賠償は最初の年度を

10億金マルクとし，年々増額して5年度目から25億金マルクに引きあげるとされたが，支払いはその後も困難を極めた。それでもアメリカからの資本輸入は，ドイツの賠償支払いと国内投資を可能にし，「産業合理化」をスローガンとした労働生産性の向上と企業の構造改革によってドイツ経済は戦前水準に再建されつつあった。しかし，事態は暗転する。1929年10月24日，アメリカ発の世界恐慌の勃発は，またたくまにドイツにも波及し，きわめて深刻な不況に陥れたのである。

1930年3月，政権に就いたブリューニングは，眼前の不況克服のために財政均衡を維持する政策を実施した。財政支出は大幅に節減され，大統領緊急令に基づいて各種の増税が行われた。その結果，ドイツの失業者数は急増し，1932年2月には600万人に達した。今日の視点からみれば，ブリューニングのデフレーション政策は明らかな失政に思われる。しかし，ドイツが賠償問題を抱えている以上，またケインズ以前の経済学の水準を考慮すると，彼が積極的赤字スペンディングを実行できなかったのもやむを得ないことであった。

こうした閉塞した状況のなか，1930年9月の選挙でナチスは大躍進を果たし，社会民主党に次ぐ第2党となった。かかる政治的危機に直面して大量の外国資本がドイツから引き揚げられたが，さらに追い打ちをかけたのは，1931年5月のオーストリア最大の銀行クレディット・アンシュタルトの経営破綻とそれを引き金とする国際的金融恐慌の発生である。恐慌はすぐにドイツを襲った。ベルリン3大銀行のひとつ，ダナート銀行が支払停止に追い込まれ，各地で銀行の取り付け騒動が発生したのである。これをうけて7月13日，大統領緊急令によって全銀行は閉鎖され，外国為替の国家管理，資本の流出を阻止する措置がとられた。この間，ブリューニングは，ようやく雇用創出政策を模索し始めるが，時すでに遅く1932年5月末退陣に追い込まれた。ヒトラーが政権を掌握するのは，それから半年後のことである。

2 旧歴史学派

(1) ロッシャー

　ヴィルヘルム・ロッシャー(1817-94)は，司法官吏の子としてハノーファーに生まれ，ゲッティンゲン大学およびベルリン大学で歴史学と政治学を学び，古代ギリシャのソフィスト研究で博士号を取得した後，ライプツィヒ大学の教授を46年間務めた。彼は信仰深い母親の影響でルター派の敬虔な信徒となり，聖書を愛読し，自身の著作にもこれをしばしば引用した。彼にあっては，学問とは宗教的信仰と結ばれて初めて意味をもつものとみなされていたのである。

　1843年，弱冠26歳のロッシャーは，『歴史的方法による国家経済学講義要綱』を上梓し，この著作で経済学の歴史的方法を明確に宣言した。彼によれば，「歴史的方法」とは，単に年表式に事実を羅列することではなく，その目的は，① 諸国民が経済的観点からなにを考え，なにを求め，感じたかを記述すること，またなにを得ようと努め，達成したのか，なぜそれを得ようと努め，なぜ達成できたのかを記述すること，にある。もとより ② 国民は単に現在生きている個々人の集合ではないから，国民経済の研究は現在の経済状態の観察だけでは不十分であり，「現在にいたるまでの文化諸段階の研究」が不可欠である。さらに，③ 個々の国民経済の徹底的観察とそれに基づく相互比較ならびに古代の国民経済との比較を通じて，近代の国民経済にとって「本質的なもの・法則的なものを見つけ出すこと」が要請される。最後に ④ かかる特徴をもつ「歴史的方法」は，一定の経済制度(賦役・ツンフト・独占など)を賞賛したり非難したりするものではなく，政策に携わる実務家たちにこうした諸制度の改廃について正しく判断させるための種々の指標を提示し得るものである。

　以上の4点が「歴史的方法」の要諦である。それを敷衍するならば，個別具体的事実の重視と段階論的・比較史的視座への傾斜であり，経済学の理論から実践の処方を得ようとする態度への批判であり，さらには歴史的諸事実の観察から解答ではなく教訓を引き出そうとする姿勢の堅持，ということになろう。ロッシャーによれば，かかる方法はサヴィニーら歴史法学派が達成したのと同

様のことを経済学においても成し遂げようとする試みにほかならない。ロッシャーにとって「歴史的方法」とは，「可能な限り抽象的に，すなわち可能な限り空間と時間のあらゆる偶然性を取り去って概念と判断の体系を求める」「哲学的方法」に対して，「可能な限り忠実に現実の生を模写して人間的発展と関係の記述を求める」ことを意味していた。彼は歴史および自然研究から観察と帰納の方法を導入し，最終的に「人間的発展」に関する法則を構築しつつ，国民経済学を単なる貨殖学（国富を増進させるための技術）ではなく，国家的な政策的判断を行うための「政治的科学」にまで高めようとしたのである。

　しかし，実際にはロッシャーの歴史的方法ははなはだ不徹底であった。彼の場合，国民経済の発展法則は，歴史的事実からの帰納によって獲得されたものではなかった。彼は，国民経済を有機体的生命としての人間とのアナロジーにおいて捉えたうえで，国民経済の生成・繁栄・没落を人間の生誕・成長・死滅の「自然法則」になぞらえたのである。すなわち，ロッシャーにおいて「発展法則」は歴史的研究を通じて構築されるものではなく，最初から前提されていたのであり，国民経済の衰退と没落は，人間の老いと死と同様に必然の帰結であった。

　以上を踏まえるならば，ロッシャーの歴史的方法をただちに歴史学派の創設と捉えることは早計といわなければならない。事実，ロッシャー自身が，彼の歴史的方法の立場についてリカードウらの古典学派から距離を置いてはいるが，しかし「決してそれに反対しているわけではない」と述べているし，それどころか「彼ら〔古典学派〕の成果を感謝して利用する」とまで告白していたのである。他方，歴史学派の先駆者リストについてロッシャーは，その思想には「理論不足，実践の優位」がみられるとしてリストの世界主義・個人主義というスミス批判に対してむしろ後者を擁護していた。すなわち，ロッシャーは「歴史的方法」によって新しい学派を形成しようとしたのではなく，古典学派の理論的枠組みを援用しつつその考察領域を諸国民に拡大することで既存の理論に確固たる基礎を与えようとしたのである。かかるロッシャーの歴史的方法に含まれた不徹底さを克服することが，歴史学派の新世代の課題となった。

（2） ヒルデブラント

　ブルーノ・ヒルデブラント(1812-78)は，エルベ河の支流ザーレ河の渓谷に位置する町ナウムブルクで，裁判所の書記を父として生まれた。ライプチヒ大学で神学，哲学，歴史学を専攻し，ブレスラウ大学で哲学の学位を取得後，1841年からマールブルク大学で教授となり，国民経済学，統計学などを講じた。1848年の三月革命ではフランクフルト国民議会の議員に選出され，自由主義的改革派の立場から直接・普通選挙制を主張する。議会解散後，1851年にスイスに亡命したヒルデブラントは，チューリヒ大学とベルン大学で教鞭をとる傍ら，鉄道建設や寡婦扶助金庫ならびに統計局の整備・創設にも尽力した。1861年に帰国後，イェーナ大学教授として迎えられ，またテューリンゲン連邦統計局の初代局長にも就任する。1865年にはイェーナ大学総長に推挙され，かくて教育・研究にとどまらず，実に多彩な実践的活動に携わった。

　ヒルデブラントの歴史的方法は，彼自ら1863年に創刊した学術雑誌『国民経済学・統計学年報』の第1巻に掲載された「序言」のなかできわめて鮮明に表明されている。彼は，そこで次のようにいう。「諸国民の経済」とは，それら諸国民の有する「言語・文学・法および芸術」と同様，その「文化生活の一領域」である。それゆえ，経済もやはり他の文化諸領域と同様に「一定の自然法則の限界内を動いていく」のであるが，しかしかかる限界の枠内にあっても，経済は「人間精神の自由と労働が生み出したもの」にほかならない。したがって，経済学とは，「けっして抽象的な，自然科学と同じように，時間的にも空間的にもすべての関係に対して同じ法則を打ち立て，かつすべてを同じ尺度ではかるような学問ではない」。むしろ，その課題は「個々の国民および全人類の歴史的な発展経路をその段階ごとに研究し，このことによって，現在の人びとの仕事を社会的発展の鎖につなぎとめるための環を認識すること」にある。

　このように，ヒルデブラントは，経済を諸国民のさまざまな文化的営為の「一領域」として捉えつつ，しかもそれが究極的には自由を備えた人間ないしその精神が「生み出したもの」であることに注意を喚起している。彼によれば，「経済」がかかる性質をもつ以上，それに関する学問である「経済学」が自然科学

と同様の，時空を超えた「抽象的な」「同じ法則」の確立を目指すことには無理がある。それよりも国民ごとに異なる，具体的かつ個別的な経済の「発展経路」を探究することが不可欠なのであり，こうして歴史と統計学とは国民経済学の基礎をなす科目としてとくに重視される。

以上のように，自らの歴史的方法について語ったヒルデブラントは，『国民経済学・統計学年報』の第2巻に発表した論文「自然経済，貨幣経済および信用経済」(1864)において彼なりの経済発展段階論を提示する。彼によれば，諸国民の経済は「生産」と「消費」を「経済的発展の共通の規範」として見なすことはできない。なぜなら，各国における地理的な条件や風土の相違を踏まえると，なにを生産し消費すべきなのかは，国ごとに違って当然だからである。ヒルデブラントは，こうして工業的生産力をメルクマールとして経済発展の高低を評価するリストの見解に異を唱えたうえで，「気候や土壌に左右されない」「もっとも普遍的で一般人間的なもの」である「分配」＝交換のあり方に応じて，国民経済の発展を ① 自然経済，② 貨幣経済，③ 信用経済，の3段階に区分する。

自然経済の段階は，中世封建社会の経済とほぼ同義に捉えられている。そこでは労働者は土地と血統に拘束され，賦役の強制により，あらゆる人格的自由を奪われている。労働者は自ら現状を改善し得ないので，向上心をもてず，刹那的な生活を営むことしかできない。この段階では一部の大地主は大きな権勢を誇ったが，ほとんどの国民は困窮にあえいだ。次の貨幣経済の段階は，封建制の解体と資本主義の生成の時期に重なる。貨幣が取引・交換の手段として社会に浸透するにしたがい，労働者は次第に土地の拘束から解放され，自由な生産活動を行うようになる。こうして国民の生産力は増大し，他方では地主に比肩する新しい社会階級として資本家があらわれる。しかし，労働者を土地と賦役から解放した貨幣経済は，同時に労働者を孤立させ，彼らを全面的な競争へと投げ込んでいく。かくて資本家に圧迫された労働者は，新たな貨幣経済的貧困に苛まれる。最後の信用経済の段階は，信用に基づく取引が一般化した，いわゆる「盛期資本主義」が生成・展開した時期に該当する。信用取引は人間相互の「信頼」のもとに生じ得るので，資本家と労働者の分裂はおのずから回避

される。すなわち，信用経済は「再び人間を精神的倫理的靭帯で結びつける」のである。もっともこの段階は，ある程度の文化的成熟を達した，公的な道徳心を備えた国民のもとでのみ実現し得るものであることを看過してはならない。

　ヒルデブラントは，このように中世以来の歴史を充分に踏まえつつ経済発展段階論を構成したのであり，かくて彼には先にみたロッシャーのごとく古典学派への過度な傾斜ないし「自然法則」に依拠した「発展法則」の導出という発想はまったくなかった。それが証拠に，かのマックス・ヴェーバーもまたヒルデブラントを評して，「まさに彼こそは，ある意味ではただ彼だけが，今日「歴史的」といわれる方法をもって実際に研究を行った」と断言しているのである。

(3)　クニース

　カール・クニース(1821-98)は，マールブルク大学でヒルデブラントの指導をうけ，師にしたがった自由主義的思想のためにスイスへ転出した後，1855年フライブルク大学教授となり，1865年から96年までハイデルベルク大学教授を勤めた。ハイデルベルクでのクニースの講座の後継者がヴェーバーである。

　クニースは，1853年に主著『歴史的方法の観点による政治経済学』を公刊した。そこで彼は，国民経済学を国家学ないし社会諸科学の一部門として「政治経済学」とよんだうえで，この学問が，人間の感覚的に知覚できる外的世界を対象とする「自然科学」と，人間の内面的な観念世界を対象とする「精神科学」の双方にまたがる領域にあると見なした。クニースはこれを第3の科学として「歴史的科学」とも命名している。この学問の対象は感覚的に知覚しうる外的世界であるが，同時に人間の内面の精神的領域にも関わりをもつ。彼によれば，前者には自然科学的法則認識が妥当するのに対して，後者にはそれが該当しない。しかも，一国における経済生活を規定する自然的・社会的諸条件の多様性を考えた場合，各国民経済には各国ごとに異なる「独自性」があらわれざるをえない。クニースは，「国民経済生活の領域において個別化を強制する大きな論拠」として，① 国土・気象などの自然的条件の多様性，② 各国民における性格の相違，③ 立法・行政および宗教などが人間の内面に及ぼす影響，

を列挙している。

　このように国民経済がさまざまな非経済的ファクターとの関連において形成されるとみなすクニースの立場からすれば，理論や法則の普遍性を強調する古典学派の経済学は批判すべき対象となる。古典学派の理論偏重，すなわち「無条件的なもの，つまりあらゆる時代・地域・国民に対して同一の仕方で妥当するものを提示しようとする要求」は「理論の絶対主義」にほかならず，時代や地域の多様性を顧みずに「国民経済法則」を求めることは「理論のコスモポリタニズム」として排斥されなければならない。そもそも古典学派の理論の世界で想定されるのは現実の人間ではなく，単なる経済的利己心という概念を人格化したものであり，それは統計的平均の人間ですらない。また私的所有の制度にしても，それはあくまで歴史的な産物であって，したがって変化するものである。

　クニースは以上のように，歴史的なものを絶対的な不変の真理や法則と考える古典学派の見解を批判しつつ，自らは理論が時間的・空間的に限定された妥当性をもつに過ぎないという「相対性の原理」に与していると主張する。そのうえで彼が課題としたのは，歴史発展の法則の研究，具体的には歴史研究を通じて経済現象をも含めた人間生活の全体を理解すること，諸国民の歴史を研究して比較し，人間生活の発展をつかむこと，であった。もとより，彼によれば，一般に諸国民の経済生活には，類似性はみられても，自然法則的因果律が貫徹しているわけではない。歴史発展の法則の研究は，かくして「類似性の法則」を得る以上のことはできない，というのがクニースの下した結論であった。

　諸国民の経済生活の歴史研究からは類似性が得られるに過ぎないというクニースの上記の認識は，発展法則の性急な定式化を厳に戒めることにもつながる。ヒルデブラントと同様，リストの単線的な発展段階論への信仰を批判するクニースは，各国における経済発展のパターンの部分的な類似性の研究を提起し，さまざまな国民的特質の比較検討の重要性を説いた。そうした比較による類似性の研究は，規則的なものの認識に役立つのみならず，既知の定式化された法則の不充分さを改善することにも貢献する。帰納的手続きが果たすこの卓抜な

役割は，クニースにいたってようやく意識的に自覚されたのである。

3 新歴史学派

(1) シュモラー

　新歴史学派の代表的経済学者といえば，グスタフ・シュモラー(1838-1917)を措いてほかにはいない。西南ドイツのハイルブロンに行政官僚の子として生まれたシュモラーは，テュービンゲン大学で博士号を取得後，プロイセンに移り，ハレ，シュトラスブルク，ベルリンの各大学教授を歴任する。1890年，社会政策学会会長，そして1897年にはベルリン大学総長に就任し，彼の影響力はドイツ帝国の経済学界に広く及んだ。またシュモラーは，プロイセンの大学行政の中心人物アルトホフ(Althoff, F.)のブレーンを務め，彼を通じて多数の有能な若手研究者を大学に送り込んだため，「シュモラー学派」ともいうべき人脈がドイツの経済学講座を占めるようになった。さらに自ら編集を担当した学術雑誌『シュモラー年報』には，そうした若手による実証的な研究成果を積極的に掲載し，彼らの育成に努めた。この意味で，まさしくシュモラーこそは押しも押されもせぬ新歴史学派の領袖であった。

　シュモラーを一躍有名にしたのは，1870年の『19世紀ドイツ小営業史』の刊行である。「精密な歴史研究」を標榜する本書で，彼は，手工業・小営業の没落の背景に伝統的手工業に固執する「心理」があると指摘し，「企業精神」と「経済的合理主義」を備えた中小企業者の育成のためには国家による普通教育と実業教育が不可欠であると主張した。シュモラーによれば，経済を営む人間は多様な心理的要因に規定されており，経済的合理主義や企業精神は「利己心」から必然的に生ずるのではない。近代的な経済発展を推進するのは，技術革新に敏感で，高賃金によって労働者の能率を最大限に引き出そうとする「有能」で「合理的」な経営者ないし企業家であるが，彼らは長期的な視野から冷静に利潤追求を遂行するのであって，むしろ「無制限な利潤追求を抑制」する「適度な利己心」をもつ経済主体にほかならない。ここではシュモラーのいう

経営者ないし企業家の資質が,「最大限の利潤追求」を至高の目標として活動する, いわゆる「経済人」とは区別されて論じられていることが注目に値しよう。

さてシュモラーによれば,「国民経済組織」は旧来の経済学(古典学派)がもっぱら問題とした「自然的・技術的原因」とこれまでその意義が体系的に研究されてこなかった「心理的・風習道徳的生活に由来する原因」とがともに作用することによって成り立つが, 国民経済学は「後者の系列の原因も徹底的に究明されたときに, 厳密な意味で科学となる」。シュモラーは, J. プリンス-スミス (Prince-Smith, J.) が率いるドイツ・マンチェスター派のように「絶対的に自由な交換」を規範的な政策基準とすることは「ユートピア」にほかならないと指摘したうえで, この「ユートピア」的構成にもとづいて現実を裁断する方法を「ドグマ的抽象的方法」とよび, 他方, 経済現象を法, 慣習, 道徳, 倫理といった多様な精神的・心理的現象から考察する自らの方法を「批判的方法」とよんでいる。この「批判的方法」を統計や歴史といった経験的研究と結合させつつ, 彼は国民経済学を実証科学へと昇華させようと試みたのであった。

このように国民経済および国民経済学を単なる自然的現象としてのみならず, 文化的現象としても把握するシュモラーは, 国民ないし国家の経済活動にはそれに特有の「共同の観念」による支配が働いていると主張する。彼によれば, 人びとが社会においてなんらかの活動をし, その結果一定の所得なり社会的地位が生ずるとすれば, 社会的集団が人間の行為に対する特定の評価=価値基準を共有し, それに照らした結果だという。その場合, 評価=価値基準の根底にあるのは, 人びとが社会に対して抱いている, かくあることが望ましいという「理念」であり, それによって行為とその結果に対して, 正当なり不当なりの価値判断がなされる。彼の認識では, それこそが「配分的正義」の観念にほかならない。たとえば, ある企業家が莫大な利潤を得る場合, 前述のような「有能」で「合理的」な経営者ならば, 人びとから是認されるが, 児童を酷使する企業家の場合には非難されるであろう。この場合, 技術革新に対応して労働時間を規制し, 児童労働を禁止するほうが「共同の観念」に合致し, かつ公共的利益にもなるから, その意味で「工場法」は「配分的正義」の産物なのである。

経済現象を「自然的・技術的原因」と「心理的・風習道徳的生活に由来する原因」との複合的現象と捉えるシュモラーの場合，公共的利益の実現は，前者の原因系列によってつくり出された富を，各国民に特有の「道徳」，「慣習・風習」あるいは「法」や「倫理」に照らして「配分」することによって果たされる。かくて経済圏は拡大し，社会の富は増大するが，シュモラーはこうした「配分的正義」を遂行する主体として指導的政治家に注目し，彼らによる経済政策を重視した。その結果，スミスが批判した重商主義は，シュモラーにおいて中世的な経済を近代的国民経済へと転換させる経済政策として再評価されたのである。

　1884年に発表された論文「重商主義の歴史的意義」においてシュモラーは，重商主義の「真髄」が貨幣増殖や貿易差額の諸学説，保護関税や航海条例にあるのではなく，「国家＝国民経済の形成」，すなわち，国家的共同体を同時に国民経済的共同体たらしめ，そこに高い意義を与える「近代的意味における国家形成」にあると指摘している。その際彼は，村落経済→都市経済→領邦経済→国民経済という経済発展の段階理論を提示するが，この理論は，どの地域でも妥当するいわゆる発展法則という意味での段階理論ではない。そこでは段階ごとに政治的変革が生じて，それが新しい経済段階に導くと考えられており，かかる変革を抜きにして次の段階へ移行することは不可能とされている。シュモラーにとって経済発展とは，それを生み出そうとする政治の産物なのである。

　この段階理論においてシュモラーは，国民経済の原型としてとくに中世の都市経済に強い関心を寄せ，都市の「経済的進歩」をになった存在として「上昇しつつある都市共同体を模範的に指導できる広い視野と政治的軍事的教養とを身につけた人びと」である「ミニステリアーレス」（＝都市行政官）に着目している。このミニステリアーレスに相当するのが，領邦経済の場合には領邦君主であり，国民経済の場合には啓蒙専制君主に代表される開明的な君主とその官僚層であった。要するに，シュモラーの認識では，経済の段階的発展を実現するのは，物質的条件だけではなく，英知にあふれた政治指導者の存在なのである。プロイセンの重商主義政策を主導したフリードリヒ・ヴィルヘルム1世に仮託

しつつシュモラーが考えた政治指導者の英知とは，経済的進歩の趨勢を見抜く洞察力と，自分の属する身分・階級の利己的利益を超越した公共性への献身であった。こうしてシュモラーは，大企業を牽引する企業家の場合にも政治指導者と同様，単なる利潤追求欲を超越した組織的管理能力や他人資本に対する忠実な職務遂行能力といった卓抜な資質が求められることを強調したのである。

　以上のようにシュモラーは，その実証的な歴史研究を踏まえて，経済発展が経済に対する人びとの利己心から生ずるだけでなく，「配分的正義」にみられるような倫理的かつ風習道徳的な規範意識に依存していることを浮き彫りにした。それは一国の経済発展が，単なる権力欲を超えた賢明な政治指導者に，単なる利潤欲を超えた有能な企業家に依存していることを示すものであった。シュモラーが設立した社会政策学会は，学者以外にも有力な政治家，官僚，実業家などをメンバーに加え，社会政策に関する学問的調査と討議を通じて，上記の意味での倫理や道徳的使命を実践的に覚醒しようとしたのである。シュモラーの背後には，労資協調的な企業家と労働者，リベラルな政治家と改革派官僚が控えており，封建的体質を引きずったドイツの土地貴族（ユンカー）の政治を批判し，イギリスやフランスに対抗できる近代的国民経済を建設しようとするナショナリズムが脈打っていた。シュモラーの訴えに魅了された多くの有能な若者は社会政策学会に加入し，歴史研究とフィールド・ワークに依拠した「現実科学」としての経済学がドイツのアカデミズムを支配するようになった。

　これまでの議論に基づいてシュモラーの方法を総括するとすれば，それは，個別的・歴史的な諸研究から経済理論を構築していこうとする帰納的方法であるということができる。それは，たとえばロッシャーの不徹底な歴史的方法に確認されたように，特定のモデルに固執してそれを指標として国民経済の個性をみる方法ではなくて，まずは細部にいたるまで諸々の事実を収集・分析し，それを整序することによって国民経済の総体を提示し，それとともに理論をも築きあげようとする，徹底した本格的な歴史的方法である。こうしたシュモラーの歴史的方法は，『国家学事典』（第3版，1911）に彼が寄稿した論稿「国民経済，国民経済学および方法」や彼の集大成ともいえる著作『一般国民経済学要綱』

(1900-04)において詳細に論及されている。とりわけ『一般国民経済学要綱』には，「国民経済学を誤った抽象化から，厳密な歴史的・統計的・国民経済的研究によって解放しようと思った」とのシュモラーの言葉がある。この発言からも窺われるように，彼は確固たる根拠，裏づけのない性急な理論化を徹底して嫌っていた。もとより，シュモラーはけっして理論化それ自体を放棄していたわけではないのだが，彼の研究の本領が経済理論の構築よりも経済史研究にもとづく事実の収集と記述にあったことは間違いない。

このような特徴をもつシュモラーの方法論は，限界効用理論の創設者のひとりであるオーストリアのカール・メンガー(Menger, K.)によって厳しく批判され，両者の間で方法論争が勃発した。この論争は，経済学の方法をめぐる論争というよりもむしろ，なにがもっとも重要な研究課題であるのかをめぐる関心の衝突であった。すなわち，メンガーは経済内部における資源配分の論理的分析を重視し，他方，シュモラーは国民経済の発展や制度の進化を歴史的文脈のなかで定式化することを重要だと見なした。方法論争は，歴史学派の後の世代にも大きな影響を及ぼしたが，シュモラーとメンガーに限っていえば，両者の論争は，激しい感情的なやりとりに終始し，不毛に終わった。

(2) ブレンターノ

バイエルンの名門の家系に生まれたルーヨ・ブレンターノ(1844-1931)は，ゲッティンゲン大学で経済学を学んだ後，ベルリンのプロイセン統計局に入り，1868年にはエンゲル係数で知られる統計学者エンゲル(Engel, E.)とともにイギリスに渡り，そこでイギリス労働組合についての知見を深めた。その成果として公刊された『現代の労働者ギルド』(1871-72)は，シュモラーによって高く評価された彼の代表作である。その後，ベルリン大学私講師，シュトラースブルク，ウィーン，ライプツィヒの各大学教授を歴任し，1891年，ミュンヘン大学教授となった。ブレンターノは，ミュンヘン大学をシュモラーのベルリン大学に匹敵するドイツの経済学研究の中心に育てあげ，彼の学才を慕った多くの俊秀がドイツ語圏のみならず，世界各国から集まった。わが国の草創期の経済

学を牽引した福田徳三や高野岩三郎もブレンターノの教え子である。

　ブレンターノの研究の核心は，労働組合の権利擁護と労使同権化の主張とその理論化にあった。彼の社会改革の目標は，既存の秩序のもとで，革命による体制転覆ではなく，労働者の政治的経済的な地位を向上させて，彼らを社会の文化的発展の成果に与らせ，国民として統合することに向けられていた。彼は，1868-69年のイギリスでのフィールド・ワークの結果として，イギリス労働組合運動の実態と労働組合の法的保護と労働争議の調停・仲裁制度の現実から多くを学びつつ，労働者の団結権保障と労使同権化，労働条件や賃金の改善に社会改革の鍵を見出した。その際彼は，古典学派の抽象的・演繹的な分析が現実には妥当せず，とりわけ労働という特殊な商品については市場での自由競争が正しく機能し得ないこと，したがって少数の，しかも強力な工場主に対しては，労働者の団結と団体交渉によってのみ本来の労働市場の機能を保証できることを明らかにした。さらに，彼は，労働組合による賃金引き上げ，あるいは労働時間短縮のもとでも作業能率の向上が実現されることによって，かえって企業の利益を上昇させ得るものであることを「高賃金の経済」論として展開した。

　元来ドイツでは，大企業側が企業内福利厚生制度を楯として労働組合との団体交渉を拒否するとともに，組合員を排除し，とくに重工業の分野では企業のカルテルによる独占体制が成立し，労働組合に対する強大な対抗勢力となる一方，ドイツではイギリスのように一業種に単一の職業別労働組合が成立せず，労使の力関係はますます労働組合に不利となった。こうしたなか，ブレンターノは，1905年の社会政策学会の主報告で，「労使強制協議機関」の立法化を提言し，大きなセンセーションを巻き起こした。もとよりこれは，法の強制によって，職業別労働組合を拒否してきた企業側を交渉の場に強制的に引き出すことを意図したから，企業側はこれを受け入れるはずもなく，その後は企業側からブレンターノに対して激しい攻撃が向けられた。しかし彼はなお諦めず，第1次世界大戦末期，社会民主党系組合の支持のもと，再びこの計画の実現のために奔走した。

　他方，1901年頃からブレンターノがいまひとつの重要な政策的主張の柱と

した自由貿易論は，彼による反独占的立場の明確な表明であった。ブレンターノは，大不況以来の保護関税が，緊急避難や育成関税を通り越して，総じて消費者の犠牲で不適切な産業配置を温存，あるいは製鉄・石炭など巨大混合企業カルテルの独占を擁護する手段と化している現状に厳しい非難を向けてきた。これに加えて連帯保護制度によって次々と引き上げられていく穀物関税も，労働者階級はじめ消費者に国内における穀物価格高騰の負担を強い，その生活水準を引き下げるとともに，ユンカーを始めとする一部の特権層の懐には不当な利益をもたらすものとして，ブレンターノは激しい非難を浴びせている。

　さて，以上に紹介してきたシュモラー，ブレンターノ以外にも，新歴史学派に帰属する著名な経済学者としては，プロイセンの農民解放史に関する研究と『貨幣国定理論』(1905)で知られるクナップ(Knapp, G. F.)，また『国民経済の成立』(1893)で生産者から消費者にいたる距離を基準に，自給自足的な家内経済，顧客生産的な都市経済，不特定多数間の商品流通を実現する国民経済，の3段階の経済発展段階論を提起したビューヒャー(Bücher, K.)らがあげられる。さらにベルリン大学でシュモラーの同僚であったヴァーグナー(Wagner, A.)が加えられる場合もあるが，鉄道や銀行，保険の国有化や累進課税政策を主張した彼は，政策的にはロートベルトゥス(Rodbertus, J. K.)，ラサール(Lassalle, F.)らの国家社会主義の系列に分類されることが多い。

4 最新歴史学派

(1) ゾンバルト

　社会政策学会設立メンバーであり，帝国議会の代議士でもあったアントン・ゾンバルト(Sombart, A.)の子息としてプロイセンのエルムスレーベンに生まれたヴェルナー・ゾンバルト(1863-1941)は，イタリアに遊学後，ベルリン大学でシュモラーの指導をうけ，イタリアの農業制度に関する論文『ローマ・カンパーニャ』で博士号を取得した。ブレスラウおよびベルリン商科大学の員外教授を長く務めた後に，1917年，ヴァーグナーの後任としてベルリン大学教授

に就任する。ブレスラウで社会政策学会の家内工業調査に従事したゾンバルトは，資本家が労働者を雇用して利潤追求を遂行する「資本家的生産様式」を捉えたものとしてマルクスの『資本論』を高く評価する一方，マルクスが強調した資本家による労働者の搾取を利潤の源泉とする理解を退けた。ゾンバルトは「革命家」マルクスではなく，「経済学者」マルクスを評価したのである。

　初期の代表作である『近代資本主義』初版(1902)で，ゾンバルトは「全時代に妥当性を要求する普遍的社会理論」の構築を「未来永劫放棄しなければならない」と述べたうえで，「特定の歴史的に限定された経済時代をそれぞれ異なった理論で定式化すること」を自らの研究の「最重要課題」として設定し，そのためには「特定の時代の経済生活を優位に支配する指導的経済主体の動機系列」を解明することが不可欠であると訴えた。ここで「特定の時代の経済生活」を「資本主義経済」とするならば，その「指導的経済主体」とは「企業家」にほかならない。要するに，ゾンバルトは「資本主義」という「経済時代」を理論的に定式化し，この時代を十全に把握するためには「賃金労働者」よりも「企業家」の動機や行動原則に注目しなければならないと考えていたのである。

　ゾンバルトによれば，「資本主義」を「手工業」から区別するメルクマールは，営利活動の脱人格化と利潤獲得の無限化である。身分相応の暮らしをするという「需要充足の原理」に基づく静態的な「手工業」経済とは対照的に，「営利原理」の支配する動態的な資本主義経済では，「資本の価値増殖」が強制されており，ゆえに経済主体たる企業家は，個人的な利己心を離れて，企業という組織の利潤上昇のみを追求するように義務づけられる。かくて，企業家の利潤欲ないし営利衝動は，企業組織の目的そのものへと客観化されていく。

　ゾンバルトは，このような自己の営利欲から一線を画した，企業のための「客観的な営利衝動」の追求を企業家活動の本質と見なし，そうした企業家の営利活動を統率する心理的起動力のことを「資本主義的精神」とよんだうえで，これを投機的冒険的な「営利衝動」と複式簿記などの緻密な計算によって裏付けられた「経済的合理主義」との有機的な結合体として捉えた。

　ゾンバルトによれば，企業家とは，「発明家」(技術革新の遂行)，「発見者」

（新しい販路の開拓），「征服者」（あらゆる障壁の打倒），「組織者」（組織における労働者の統括），そして「商人」（計算や交渉の才覚）といったさまざまな機能をもった「人間類型」が融合した存在であり，その性質は，「知性」（冷静かつ論理的に事柄を考察すること）と「道徳」（信頼，義務に対する忠実さ，などの美徳）によって特徴づけられる。このような機能・性質ともに卓越した人物が企業家であり，彼らによる革新的な経済活動とそれを支える「信用」（銀行の信用創造や株式会社の資本調達）によって「経済発展」は実現される。こうして，「初期資本主義」から「盛期資本主義」への移行が導かれるのである。

　もとより，ゾンバルトは資本主義的な「経済発展」が将来にわたって継続されると考えていたわけではない。彼は『近代資本主義』第2版の第3巻「盛期資本主義時代の経済生活」で，19世紀末の大不況以降，20世紀に入ると新興の重化学工業の発展と株式会社形態をとる大企業の増加，経営の集中とカルテル・トラストの進展によって「経済生活の脱商業化」と「官僚制化された資本主義」があらわれ，わけても第1次世界大戦の勃発を契機として「盛期資本主義」から「晩期資本主義」への本格的な移行が開始されたと主張している。これは，企業家という「個人」ないし「人格」が企業を率いる「躍動したシステム」から官僚制という「組織」が企業を支配する「硬直したシステム」への体制の転換，さらには景気循環が規則的に繰り返される「動態的システム」としての自由主義経済から「景気循環の安定化」を志向する「静態的システム」としての拘束的経済への移行を意味する。こうしてゾンバルトは，大戦以降の資本主義の転換期にそれまで指導的役割を果たした企業家が備えていた「精神」（＝「資本主義的精神」）に代わって，それとは異質の，人格的な「魂」が抜かれた「精神」が優位を占めるようになったと論じ，これを「精神化」と命名するのである。

　ゾンバルトは，第1次世界大戦の開始とほぼ同時期に確立された産業合理化の雛型ともいうべき「フォード・システム」とテーラー（Taylor, F. W.）による「科学的管理法」が企業家と労働者との「人格的関係」にもとづく「魂のある経営」を消滅させ，人間を組織の「歯車」や「部品」であるかのようにみなす

「経営の精神化」を推し進めたと指摘する。就中，製品の規格化とベルト・コンベアによる流れ作業，作業工程の細分化・標準化を導入した「フォード・システム」の普及とともに，企業家という「人格」の創造性と革新性は次第にその意義を低下し，他方で，労働者という「人格」は「合理的に働かざるをえない」「強制的な労働関係」へと拘束されていく。ゾンバルトのいう「精神化」とは，大戦以降の過度な産業合理化の進展がもたらした，こうした経営からの「人格性」の排除＝「魂のある経営」の消滅を必然的に導くものにほかならないのである。

　以上のように，ゾンバルトは資本主義的な「合理化」が浸透するなかで，「経営」からの「人格」の排除，換言すれば，労働過程からの人間の「疎外」が生じていることに注意を喚起し，これを現今の資本主義に胚胎する最大の問題として捉えた。資本主義のかかる深刻な状況を眼前にして彼は，「自給経済」・「手工業」・「農民経済」の3つを「魂のある経済システム」と命名し，このなかでもとくに「農民経済」が今後その重要性を高めていくことになるであろうと予測している。その理由としてゾンバルトは，① 新興国における資本主義の展開が白人による資本主義支配を解体させ，それまでの世界経済的な分業体制を転換させたこと，そしてなによりも ② 農業が「精神化された経営」に抵抗しつつ，人間の経済活動にその「魂」を取り戻させることに大きく貢献すること，をあげている。こうしてゾンバルトは農業を再評価したうえで，大恐慌期には農業部門での雇用創出を重視した「土壌性の雇用創出計画」を提言するのであった。

(2)　ヴェーバー

　ドイツ中部のエアフルトで生まれたマックス・ヴェーバー(1864-1920)は，ベルリン大学，ゲッティンゲン大学で法学を学び，『中世商事会社史』で博士号，『ローマ農業史』で教授資格を得る。当初，法曹界で身を立てようとしたが，1888年に入会した社会政策学会の農業労働調査報告『東エルベの農業労働者事情』が高く評価され，1894年，フライブルク大学経済学教授に就任する。

1897年にはクニースの後任としてハイデルベルク大学に移った。しかしその直後、強い鬱病に襲われ、ハイデルベルク大学教授を退職、同時に名誉教授となる。1919年、ブレンターノの後任としてミュンヘン大学教授に復帰した。

　1903年『ロッシャーとクニースおよび歴史主義の経済学の論理的諸問題』で歴史学派の方法について論じ、とくにロッシャーの歴史的方法が人間の成長をモデルとしていることを批判的に検討したヴェーバーは、その翌年ゾンバルトとともに編集した『社会科学・社会政策雑誌』に論文「社会科学と社会政策にかかわる認識の『客観性』」を発表した。この論文でヴェーバーは、有名な「理念型」論を提起している。彼によれば、人間の限られた認識能力では対象の全面的な認識は不可能であり、特定の意味とその意味に導かれた観点に即してしか認識することはできない。そのことを事実として踏まえた場合、認識技術として、その導き出された特定面なり特性を、いわば純粋培養的な姿に組み立ててみる方法が考えられる。つまり実際の姿以上に特性を鮮明に描き出してみることである。現実の歴史像は無限に多様な要素が組み合わされており、どういう意味像についてみてもその姿が純粋に混じり気のない姿では存在し得ない。たとえば、奴隷制、封建制、資本主義など、けっして概念どおりの姿そのままでは実在しない。そこで観念の世界で、概念どおりという意味での純粋な姿を構成してみる。ヴェーバーは、そういう意味でこれを「理念型」とよんだ。

　こうして構成された像は、したがってわれわれが経験する現実のなかにはそのままの姿では存在していない。逆に、現実はこの理念型との「距離と差によって」測られるべきことになる。かかる意味での「非現実性」が理念型の本質である。実際、歴史科学における概念は多かれ少なかれ理念型的性格をもっており、ヴェーバーの理念型論はそれを論理的に極限化したものに過ぎないといえる。ヴェーバーが批判するのは、科学の本質は自然科学にあり、精神科学も自然科学の方法によって構築されるべきであるという見解で、彼はそれを「自然主義」とよぶ。自然科学的な普遍法則によって歴史現象をも整理しようとする立場で、ヴェーバーはこれを厳しく批判している。ヴェーバーの理念型はそれ自体が認識の目的であるのではなく、それを手掛かりにして現実を測定して

いくための技術的手段にほかならない。それは，歴史の意味ある把握のための不可欠な認識手段たるにとどまる。ヴェーバーによれば，歴史認識の最終目標は個別現象の因果関係を確定することにあり，法則からこぼれ落ちる歴史の細部をいとおしむ心が歴史家に不可欠であることを彼は知っていた。理念型論は，そうした彼の歴史感覚によって支えられていることを忘れてはならない。

　かかる理念型という礎石を据えたうえで，ヴェーバーの歴史研究は遂行されていく。その成果としてもっとも有名な論文が1904年から翌年にかけて発表された「プロテスタンティズムの倫理と資本主義の精神」である。この論文でヴェーバーは，ゾンバルトの『近代資本主義』初版から触発されつつ，しかし「資本主義の精神」の起源について独自の見解を示そうと試みた。彼によれば，西洋近代に特有の資本主義は，効率性を重視する合理的な性格を有しており，かくてそれは太古からどこにでも確認される，むきだしの営利欲とは一線を画する。ヴェーバーは，そうした資本主義が生成する背景には企業家と労働者の双方に「倫理的色彩をもつ生活原理」としての「資本主義の精神」が備わる必要があると説いたうえで，かかる精神の歴史的起源を宗教改革期に求めている。

　まずヴェーバーが注目するのは，宗教改革者ルター(Luther, M.)の「職業」観である。聖書のドイツ語訳を果たしたルターにおいては，職業は単に生計を支える手段ではなく，それは「神から与えられた使命」にほかならない。ルターは，この職業観によって，人間は世俗の生活においていかなる職業に就こうとも，信仰をもつことで誰もがひとしく神に仕えることができると考えた。しかし，ヴェーバーによれば，ルターにはまだ中世以来の伝統主義の思想も強く残っていたので，この新しい思想が十分に展開するまでにはいたらなかった。

　ところが，もうひとりの宗教改革者カルヴァン(Calvin, J.)になると，事情は変わる。彼の教えは「予定説」とよばれるもので，人間は生まれながらにして死後に救われるかどうかすでに決定されているという非情の教理であった。カルヴァンのこの説は，信徒たちに内面的な孤独と不安をもたらしたが，この感情に結びついて彼らに生み出されたのは，人間は現世において各々の能力に応じて職業労働に励むことによって神が創造した地上世界を富ましめ，かくて神

の栄光を増し，神の恩寵にあずかることができるという思想であった。その結果，カルヴァン派の信徒たちは現世的な利益に対しては禁欲的となり，財物を浪費したり奢侈的な消費をしたりせずに，絶えず自らを律して合理的な生活態度を維持し続ける。すなわち，カルヴァン派の信徒たちは自らの行為を不断の自己審査のもとにおきつつ，自分で救いの確信を「つくり出す」のである。西洋近代の資本主義に特有の合理性の観念と資本蓄積への尽力とは，こうしてカルヴァン派の「世俗内的禁欲」から導かれたとヴェーバーは考えるのである。

　このようにヴェーバーは，プロテスタント，わけてもカルヴァン派の信仰と近代資本主義との間には相互に内面的な親和関係があると指摘したうえで，禁欲の洗礼をうけた信徒たちの勤勉が，期せずして資本主義生成の主要な原動力になったと主張する。しかし，ヴェーバーによれば，資本主義にこうした宗教的かつ倫理的な色彩が帯びていたのは，あくまでその初期段階に限られていた。すなわち，初期資本主義を推進した「資本主義の精神」は，資本主義の機構的完成とともに消失し，合理的な生活態度は市場の競争ルールによって外側から「鉄の檻」のように人びとに強制されるようになる。ヴェーバーは，20世紀初頭の最高度の「発展」を遂げた資本主義社会に生きる人間を「所有」に奉仕する「営利機械」と見なしつつ，こうした文化的発展の最後にあらわれる「末人たち」のことを「精神のない専門人」あるいは「心情のない享楽人」とよんで痛烈に批判したのであった。ヴェーバーのかかる資本主義文化批判は，先にみたゾンバルトの「精神化」に関する議論にも符合するものであり，両者は人間性の抑圧を推し進める「資本主義の将来」にきわめて悲観的な展望を抱いていた。

(3) シュンペーター

　ゾンバルト，ヴェーバーの衣鉢を継ぐ「最新歴史学派」の若手世代としては，シュピートホフ(Spiethoff, A.)やザリーン(Salin, E.)などの名前があげられるが，ここではヨーゼフ・アロイス・シュンペーター(1883-1950)の経済思想に注目したい。なぜなら，シュンペーターは若くしてワルラスの一般均衡論を受容しながらも，しかし彼の関心は数理経済学にとどまることなく，祖国のオースト

リア学派からも距離をおく一方で,シュモラーおよびゾンバルトの経済学を高く評価しつつ,彼なりに「理論と歴史の総合」を企てたからである。

オーストリア＝ハンガリー帝国のモラヴィア地方のトリーシュに繊維工場主の子として生まれたシュンペーターは,幼くして父に死別し,母が陸軍高級将校と再婚したために,帝国の上流階級に参加する契機を得た。ウィーン大学で法律学,経済学,経済史を学び,1908年に刊行された処女作『理論経済学の本質と主要内容』が評価されたことで彼は母校の私講師となる。その後,チェルノヴィッツ大学,グラーツ大学,ボン大学で教授を務めつつ,ナチスの足音が迫る1932年,ハーバード大学に移り,以降亡くなるまでアメリカで活動した。

シュンペーターが学者として世界的な名声を博するようになったのは,主著『経済発展の理論』(初版1912,第2版1926)の出版によってである。彼は,この著作でゾンバルトの企業家論の影響をうけながら「指導者」としての企業家の革新的な活動(＝「新結合」)が「経済発展の原動力」であると主張した。彼によれば,「新結合」の主な内容は,①新しい財の生産,②新しい生産方法の導入,③新しい販路の開拓,④原料および半製品の新しい供給源の獲得,⑤新しい組織の実現,の「5つの事例」に集約される。こうした「新結合の遂行」による「経済発展」を可能にするのは,銀行の「信用創造」に基づく資金調達であり,かくて銀行家こそはシュンペーターにとって真の「資本家」であった。

以上のように,資本主義の本質を企業家の革新に依拠した動態的な「経済発展」に見出したシュンペーターは,しかし1920年に発表した論文「今日における社会主義の可能性」を契機としてゾンバルトと同様,資本主義の「変容」ないし「衰退」について論じるようになる。彼によれば,19世紀末の大不況以降,産業構造が転換するなかでそれまでの「競争的資本主義」から「トラスト化された資本主義」への移行が進展するが,その過程で生じる特徴的な変化とは「企業家機能の重要性の低下」とそれに伴うトラスト組織の「技術的・商業的進歩の自動化」であった。すなわち,企業の大規模化,株式会社形態をとる大企業の台頭とともに革新の担い手は「個人」としての企業家から企業内の「組織」である開発事業部へと移転し,かつて「経済発展の原動力」であった

「企業家機能」は今やその存在意義を減退させ，次第に衰退していくのである。

シュンペーターは，こうして「トラスト化された資本主義」では「産業の将帥」としての企業家と彼らの決断に従う労働者に代わって，企業内には「官僚的労働」に勤しむますます多くの「不具者」があらわれると指摘する。彼によれば，「不具者」とは「機械と技術一般による人間の隷属化の過程」で生まれた「職業人」のことであり，言い換えれば「専門家された作業機械」にほかならない。彼らは「創造的な労働」に従事するのではなく，というよりもむしろそうした労働にはそもそも従事することができず，予め定められた「官僚的労働」を「作業機械」のように遂行する人びとであった。かくて，シュンペーターにとって「不具者」とは，「その全人格や純粋に人間的な関係において生命を失っている」存在として評価されるのである。シュンペーターの以上の主張は，経営からの「人格性」の排除，マルクスの用語でいえば，労働過程における人間の「疎外」の問題に連なるものである。資本主義のこうした「危機」に対する深刻な問題意識は，ゾンバルトやヴェーバーによっても共有されていたものであり，このことからも，シュンペーターを「最新歴史学派」に帰属させることは当を得ているといえよう。

● 参考文献

安藤英治（2003）『マックス・ウェーバー』講談社学術文庫
石坂昭雄（2007）「訳者あとがき」ルーヨ・ブレンターノ著，石坂昭雄・加来祥男他訳『わが生涯とドイツの社会改革――1844～1931』ミネルヴァ書房
伊東光晴・根井雅弘（1993）『シュンペーター――孤高の経済学者』岩波新書
奥山誠（2005）「ヴェルナー・ゾンバルトの企業家論」『経済学史研究』47巻1号
奥山誠（2014）「ゾンバルトとシュンペーター――「晩期資本主義」と資本主義の「終焉」に対する認識をめぐって」『政経論叢』第82巻第3・4号
経済学史学会編（2000）『経済思想史辞典』丸善
小林純（2006）「カール・G・A・クニース――ドイツ歴史学派の倫理的経済思想」大田一廣・鈴木信雄他編『新版　経済思想史――社会認識の諸類型』名古屋大学出版会
住谷一彦（1980）「歴史学派」『経済学大辞典Ⅲ』東洋経済新報社

関口尚志・梅津順一（1995）『欧米経済史―近代化と現代』放送大学教育振興会
田村信一（1993）「ヴィルヘルム・ロッシャーの歴史的方法―『歴史的方法による国家経済学講義要綱』刊行150周年にあたって」『経済学史学会年報』第31号
田村信一（1998）「国民経済から資本主義へ―ロッシャー，シュモラー，ゾンバルト」住谷一彦・八木紀一郎編著『歴史学派の世界』日本経済評論社
田村信一（2002）「社会政策の経済思想―G. シュモラー」高哲男編著『自由と秩序の経済思想史』名古屋大学出版会
田村信一（2006）「G. v. シュモラー―社会問題から経済社会学へ」八木紀一郎責任編集『経済思想のドイツ的伝統』日本経済評論社
田村信一（2009）「歴史学派」田村信一・原田哲史編著『ドイツ経済思想史』八千代出版
橋本昭一（1997）「ドイツの経済学」田中敏弘編著『経済学史』八千代出版
原田哲史（2008）「歴史学派経済学」金子光男編著『経済思想の源流』八千代出版
藤瀬浩司（2004）『欧米経済史―資本主義と世界経済の発展』放送大学教育振興会

第6章

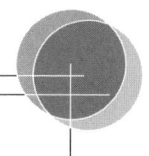

限界革命の経済思想

　本章で取りあげるメンガー(Menger, C.)，ジェヴォンズ(W. S. Jevons,)，ワルラス(Walras, L.)は，現在のミクロ経済学の直接の源流にあたる人びとである(次章のマーシャルも含む)。彼らは，ウィーン，マンチェスター，ローザンヌにいながら，ほぼ同時期(1871-1874年)に，同じ限界効用概念を用いた著作を独，英，仏の異なる言語で刊行した。[1] 経済学の歴史上では，それまでの古典派経済学とはまったく異なる分析手法を創出した彼らの登場をもって，限界革命とよぶ。彼ら限界効用学派の理論のどこが革命的であったのか，古典派との比較で示してみる。

　① 古典派は，価値の源泉は供給側にあり，生産要素(おもに労働)投入量に応じた価値量を客観的に把握しうると考える。これに対して彼らは，価値の源泉は需要側にあり，財の希少性と消費者の主観的満足度(限界効用)によって決定されると考える。

　② 古典派は，生産，資本蓄積(経済成長)，分配の長期の運動法則の解明を目指す。分析対象は個々人の経済行動ではなく社会階級である。これに対して彼らは，個別消費者による希少資源の合理的配分を解明する。

　③ 古典派は，原因と結果の因果関係に沿って経済を分析する。たとえば，リカードウとミルであれば，資本蓄積→人口増加→穀物需要増加→劣等地耕作進展→穀物価格上昇→地代・賃金上昇→利潤低下→資本蓄積停滞という因果系列にしたがって経済変数が決まる。これに対して，とくにワルラスの理論では，さまざまな経済変数の相互依存関係によって方程式のすべての未知数が同時決定される(一般均衡理論)。

　以上の特徴を備えるものの，各人の理論には独特の個性がそれぞれにある。

通常限界革命の特徴とされるものの多くは，ジェヴォンズとワルラスの理論の特徴である。メンガーの理論は彼らとは大きく異なる。以下マーシャルも含めて各人の相違をみておく。
　ジェヴォンズは，完全市場の特徴を4点あげる（ジェヴォンズ，1981：66-67）。① 商品の交換比率（すなわち価格）・種類・数量が公示され，これを市場参加者が全員知っている（完全情報と完全知識）。② 市場参加者は私利だけを追求しており，交換の利益があると思えばだれもが交換を行う。③ 不自然な交換比率を成立させるための供給独占は存在しない。④ 交換価値は，容易かつ迅速にすべてを通じて同一水準に調整される。
　① ジェヴォンズとワルラスが完全知識と一物一価の成立する完全市場を想定するのに対して，メンガーとマーシャルの市場は完全市場ではない。彼らにとって，知識は完全ではない。メンガーの市場では，参加当事者同士の交渉によって価格が形成される。マーシャルによれば，人間の経済行動はしばしば慣習や伝統に基づく。② ジェヴォンズとワルラスの市場は無時間の世界であり，価格と数量の同時決定論ないしはすべての調整が完了した後の静止状態の描写である。これに対してメンガーの資本理論とマーシャルの供給理論の市場は時間の流れのなかにおかれている。
　このほか方法論上の違いをみると，① ジェヴォンズとワルラスは，経済学に数学（微積分）を適用することで科学としての厳密性を保証しようとする。これに対して，メンガーは数学利用を批判して経済の不確実性を重視する。マーシャルは数学を極力控え，用いる際も日常言語に翻訳できない数式には意味を認めなかった。② ジェヴォンズとワルラスがニュートン力学に経済学の範をとったのとは異なり，マーシャルは生物学に範をとるべきと考えた。彼の『経済学原理』も，限界原理を用いる短期静学的なミクロの資源配分論（第5編）よりも，生物進化を模した長期動態的なマクロの国民所得論（第6編）に主眼が置かれる。

1 メンガー

(1) 生涯と時代

　カール・メンガーは，1840年2月ハプスブルク朝オーストリア帝国のノイ・ザンデツ(現ポーランド領ノヴィ・ションツ)に3兄弟の次男として生まれた。オーストリアは当時，ナポレオン戦争の勝者メッテルニヒが首相をつとめ，ヨーロッパの復古体制(ウィーン体制)を率いていた。1848年の3月革命によってメッテルニヒがロンドンに亡命し，帝国は絶対王政から形のうえでは立憲主義体制に移行する。だが，この政変後も帝国の苦難は続いた。1859年のイタリア統一戦争に敗れてロンバルディア地方を失うと，1866年には普墺戦争にも敗れてドイツ連邦盟主の座をプロイセンに明け渡した。国内も多民族を抱えて一枚岩とはいえず，1867年にはハンガリーの貴族と組むことでオーストリア＝ハンガリー二重帝国となる。ようやくこの頃，前時代的な絶対君主制から基本的人権の尊重，司法独立，責任内閣制などの立憲主義に移行を果たす。このようなモザイク社会の中枢にいたのは，広大な面積と多人口を擁する帝国を統率する軍人と官僚そして地主貴族であった。資本主義経済の担い手となる自由主義的な資本家や企業家の発言力は，まだ弱かった。

　さて，3兄弟の父アントンは兄弟がまだ幼い1848年に死去した。彼は商工業者の法律文書作成を仕事とする弁護士であったせいか，後に3兄弟はみな法学部に進む。メンガー家は官僚や軍人を輩出する貴族の家系であったといわれる。だが兄弟が自らの氏名を記す際に貴族を示すvon(フォン)を使うことはなかったし，貴族の多くが支持するローマ教会の国政と教育への介入にも反対した。後年，長男マックスは後年自由主義派の代議士となり，カールは自由主義政党に一時的所属していた。三男アントンは，後年社会主義派の法律学者となり，『労働全収権史論』を執筆する。

　カールはプラハにある大学を卒業した後，新聞ジャーナリズムの世界に身を置く。彼は市況担当などから経済に関心を抱いたといわれる。1867年に経済学の研究をはじめると，1871年には早くもウィーン大学に講義資格請求論文

を提出する。これが後に主著『国民経済学原理』となる。翌年，彼は，ウィーン大学法・国家学部の無給講師に採用され，まもなく助教授に昇格した。1876年には帝国の皇太子ルドルフの教育係のひとりに任命される。メンガーは，その翌年から皇太子に同行して，ドイツ，フランス，スイス，イギリスを2年かけて周遊し，大学に戻った1879年教授に任命された。

ところがこの年，彼が帝国の将来を託して期待をかけていたルドルフが自殺してしまう。この事件は彼の人生に長く暗い影を落としたといわれる。1902年，著述に専念するべく辞職願を出した彼は，その翌年 F. v. ヴィーザーを後任にして退職した。その後は『国民経済学原理』の大幅な改訂を意図して膨大な草稿を残したものの結局刊行には至らず，1921年に没する。遺稿は数学者となった息子カール(Karl)の手で，『一般理論経済学』という書名で出版された。

(2) 主観的価値論

メンガーは，財とは何かを考察することからこの書を始める。モノは，なんであれ財であるわけではない。モノが人の欲望を満たす性質をもっていること，そして人間が，モノの性質と自らの主観的欲望との関係を理解し，欲望満足のためにこれを用いる場合に，モノは財となるのである。それゆえ財の価値も主

表6-1

X	IX	VIII	VII	VI	V	IV	III	II	I
1	2	3	4	5	6	7	8	9	10
0	1	2	3	4	5	6	7	8	9
	0	1	2	3	4	5	6	7	8
		0	1	2	3	4	5	6	7
			0	1	2	3	4	5	6
				0	1	2	3	4	5
					0	1	2	3	4
						0	1	2	3
							0	1	2
								0	1
									0

観的なものである。

　彼の価値論は，一枚の表に基づいて説明される（表6-1）。表の右から左へ向かうローマ数字は財の種類をあらわす。たとえばⅠを米，Ⅱを肉，…，Ⅹを綿棒とする。ある人は米の最初の1単位に10，肉の最初の1単位に9の満足（効用）を覚えるが，綿棒の最初の1単位には1の満足しか覚えないものとする。もし何者かによって強制されることがなければ，彼は自己評価の高い米から消費をはじめ，綿棒の消費を最後にまわす。縦に並ぶアラビア数字（Ⅰであれば10, 9, 8, …）は，各財の消費量を1単位増やすごとに，飽きがきて満足度が低下していくことをあらわす。これを今日では限界効用逓減法則という。

　今，合計6単位そしてⅠからⅥまでの合計6種類の財を消費できるものとして，ある人の満足度の合計（総効用）を最大化するためのもっとも合理的行動を考えてみる。まず，彼が各財を1単位ずつ選択（すなわち資源配分）すると，総効用は45（10 + 9 + 8 + 7 + 6 + 5）となる。次にⅠからⅢまでの財を各2単位ずつ選択すると，総効用は51（19 + 17 + 15）となる。最後にⅠを3単位，Ⅱを2単位，Ⅲを1単位選択すると，総効用は52（27 + 17 + 8）となり，前2者の総効用を上回る。つまり，3財の限界効用がすべて8で等しくなる選択が，この場合の合理的資源配分行動である。今日ではこれを限界効用均等化法則という。

（3）交換論

　古典派の経済が等価交換の経済であるのとは異なり，主観的価値論に基づく交換は必ず不等価交換であるとメンガーは考える。なぜなら，同じ財に対する交換者たちの主観的価値評価が食いちがうからこそ，交換はおこるからである。私はA財を保有し，交換相手はB財を保有しているとする。私のA財に対する主観的価値評価は低いのに対して，交換相手はA財を私よりも高く評価している。そして私は相手のB財を高く評価するのに対して，相手のB財に対する評価は私よりも低い。交換は，当事者がこのような心理状態にある場合に発生する。価値の低い財を手放し，価値のより高い財を手に入れるのであるから，交換後は全当事者が「経済的利益」を得る。人は，「自分の欲望をできる

だけ完全に満足させようとする努力」と「自分たちの経済的状態を改善しようとする配慮」に導かれて「交換」を行うのである(メンガー，1984：②290-291　丸数字は巻数)。2つの例でこれを説明してみよう。

例1) 2者間の交換：今，2人の農夫AとBがいる。交換前に，Aは馬6頭と牛1頭を保有し，Bは牛6頭と馬1頭を保有している(表6-2)。Aの自らの6頭目の馬に対する評価価値は0であり，これと引きかえにBからの購入を考える2頭目の牛に対しては40の価値評価を与えている。Bはこれとは逆に，自らの6頭目の牛の価値を0，Aから購入予定の馬の価値を40と評価する。彼らが自らの6頭目の馬または牛と交換に，相手の牛または馬を買えば，交換後の彼らの経済的利益は交換前に比べて40増加する(表6-3)。同じようにして，Aの5頭目の馬とBの3頭目の牛の交換をみると，Aには牛の獲得による30の利益と馬の譲渡による10の損失が発生し，差し引き20の純利益を得る。牛を手放して馬を獲得するBにも同様の利益が生じる。

ただしこのような交換が無限に続くことはない。彼らにとって利益が損失を上回る経済的状態の改善がある限り交換は続き，経済的状態が悪化するとなると交換は停止するからである。この分岐となる一点を，メンガーは「静止点」(Ruhepunkt)とよぶ。3頭目の交換では，得られる利益20に対して損失も20である。ここでは両者の経済状態は悪化も改善もしない。そして，4頭目の獲得では，両氏は10の利益を得る一方で，放棄による損失は30となる。したがってこの交換では3頭目の交換が静止点である(メンガー，1984：②296-303)。

例2) 独占から競争へ：独占者A_1が複数の馬をもつケースを考えてみる。表6-4には，8人の農民B_1，B_2，…，B_8の小麦の重量(メッツェン)であらわした馬に対する主観的評価が記されている(表6-4)。馬主A_1が1頭の馬しか供給しない場合は，B_1の小麦70から80の間で価格が形成される。なぜなら，こうすることによって，1頭目の馬に対して最高で小麦70の評価を与えるB_2以下7人の農民を，B_1は市場から排除することができるからである。

それでは，3頭の馬が供給される場合はどうなるだろうか。価格は，小麦60から70の間で形成される。1頭目はB_1が獲得する。2頭目と3頭目はB_1と

第6章　限界革命の経済思想　　135

表 6-2

B		A	
馬	牡牛	馬	牡牛
50	50	50	50
—	40	40	—
—	30	30	—
—	20	20	—
—	10	10	—
—	0	0	—

表 6-3

B		A	
馬	牡牛	馬	牡牛
50	50	50	50
40	40	40	40
—	30	30	—
—	20	20	—
—	10	10	—

表 6-4

	Ⅰ	Ⅱ	Ⅲ	Ⅳ	Ⅴ	Ⅵ	Ⅶ	Ⅷ
	穀物メッシェン数							
B_1	80	70	60	50	40	30	20	10
B_2	70	60	50	40	30	20	10	
B_3	60	50	40	30	20	10		
B_4	50	40	30	20	10			
B_5	40	30	20	10				
B_6	30	20	10					
B_7	20	10						
B_8	10							

B_2 が獲得し，1頭目の価値を小麦60と評価する B_3 以下6名が市場から排除される。こうして，馬の供給量が増えて小麦との交換比率が下がると，B_1 は買い手の競合相手を排除することができなくなる。以下同様に，A_1 が馬を6頭供給すると，B_1 が3頭，B_2 が2頭，B_3 が1頭の馬を獲得し，価格は小麦50から60の間で決まる。財が多く供給されるにつれて排除される購入者は減少し，供給独占者は交換願望または交換力の乏しい層のもとにまで降りて，低い価格を設定しなければならなくなるのである。

　ここまでは，馬の売手1名に対して買手多数のケースある。ここで，売手の側に A_2 が登場する。ここでは，農民だけでなく馬主にも競争が存在することになる。3頭の馬を供給すべく，A_1 と A_2 の2人の間で供給競争があったとしよう。メンガーによれば，この場合の価格形成と財分配は独占のケースと変わりはない。すなわち，価格は小麦60から70の間で形成され，1頭目の馬は B_1 氏が獲得し，2頭目と3頭目は，B_1 と B_2 がそれぞれ獲得するという形で財は分配されるのである（メンガー，1984：②337-341）。ここでは売手・買手双方に競争が存在することになる。

(4) メンガー理論の特質

以上にみたメンガーの理論の特質については，F. A. ハイエクが次のように的確に指摘している。

> 「私にとってはたとえば，価格が落ち着く一定の点よりも，むしろ一定の範囲を指摘するだけで満足する，この控えめな目的にはある種の新鮮な現実主義さえ感じられる。…彼が目的としていたのは，静態的均衡理論のためよりも，今日われわれが過程分析とよんでいるもののための道具を提供することであった。」(ハイエク，1987：179)

これを確かめておこう。まず，静止点は需要と供給が一致する均衡点ではない。価格は，交換が成立する範囲内の不確定のどこかの点において形成され，これは売手と買手の数と力関係に応じて定まる。メンガーは，決定までのこの過程を「価格闘争」(Preiskampf) とよぶ。次に彼の理論では，価格は交換当事者の行動のなかで形成されるものとされる。最高値をつける交換者が他の競争者を経済的に排除し，相手との孤立的交換状態をつくろうと能動的に動く過程のなかで価格が形成される。なお，ここにいう経済的とは，排除が暴力や法律などの強制力によるものではないことを意味する。これはジェヴォンズとワルラスの静態的均衡論とは異なる特徴である。ワルラスの理論では，生鮮食料品市場のようにせり人が交換当事者とは別個に存在し，彼が価格を公示する。また，すべての競争者は互いの行動に対して影響を与えることはなく，市場全体に示される価格に対して受動的に動くとされるからである。

(5) 思想と政策

メンガーは，自らの思想や政策論を著作で論じることはなかった。そのため，今日ではウィーン大学と皇太子への講義録以外にこれを知るすべがない。それによると，メンガーは，個人の自由を経済の基礎としつつも，国家のなすべきこととして，家畜の疫病の防止，学校や訓練所の設立，通商協定の締結，

児童労働禁止と労働時間の制限などをあげる。彼は社会主義には反対の立場をとったが，労働者階級の地位向上とそのための施策を国家の責務とする程度には政府干渉をも容認するのである。

　もっとも，イギリスのような大工場制度が未発達の中欧社会の実状を反映してか，労働問題よりも地主貴族に対する自由主義的改革を彼は重視していた。地主貴族は農産物需要の増加の恩恵をうけ，当時普及しはじめた鉄道や運河など交通路の開設の恩恵もうけている。彼らが領地近代化のためにこの利益を利用せず，世襲特権の維持だけに汲々とするならば社会進歩は妨げられる。これが，メンガーの見方であった。また貴族に不利な課税改革と土地制度改革をルドルフが発表したときには，メンガーの影響が推測された。あるいは農民の人道的取り扱いを支持する皇太子の投稿が新聞に掲載されると，彼が，皇太子の無神論的・民主的・共和主義的傾向を育てたとみられたともいわれている(八木，2004：37-55)。

2　ジェヴォンズ

(1)　生涯と時代

　ウィリアム・スタンレー・ジェヴォンズは，1835年イギリスの港町リヴァプールに生まれた。リヴァプールはこの頃，綿織物業で栄えるマンチェスターと共に自由貿易の恩恵を享受する都市であった。自由貿易体制は，通貨発行量を金保有高にリンクさせる金本位制の確立(1844年のピール銀行条例)がその土台となった。これを皮切りに，1846年には保護貿易政策の代名詞といえる穀物法が，そして翌1849年には航海条例が廃止され，1860年には英仏自由貿易条約が締結された。また1840年代後半は，飢饉にあえぐ対岸のアイルランドからの移民によって都市人口は急増していた。このような繁栄の時代のさなかに，裕福で教養ある商家にジェヴォンズは生まれたのである。

　彼の母方の祖父ロスコーは，奴隷貿易に反対し，マンチェスターの輸出用綿織物を運ぶマンチェスター－リヴァプール間の鉄道開設(1830年)に協力し，さ

らには芸術・文化運動の中心人物としてこの町で初の美術展を開催するような人物であった。ロスコーの娘と結婚したジェヴォンズの父トマスは鉄鋼商人の家系に生まれた。鉄道技師の友人を通じて科学技術に関心をもった彼は，造船材料に鉄鋼を使用することをはじめて提唱した人物でもある。穀物法論争では自由貿易の論陣を張り，貿易促進のためにイギリスの12進法貨幣制度を10進法に変えることを主張するなど，名うての企業家であった。

このような進取の気性をもつ家系に生まれたジェヴォンズは，幼い頃は自然科学とくに化学に興味をもつ子供であった。ユニヴァーシティ・カレッジ・オブ・ロンドンに進学すると，数学者モルガンから数学と論理学を，そして化学者ウィリアムソンから実験と実証の手法を学ぶ。オーストラリアに造幣局がつくられて化学のグレアム教授からポストを紹介されると，家業の倒産していた父はジェヴォンズに就職を強くすすめた。大学を中退した彼は，1854年ニュー・サウス・ウェールズで職業人生を開始した。赴任先での彼は，空き時間に気象観測や石炭埋蔵量の研究をしていた。だが，ジェヴォンズは次第に人間の研究に関心をもつようになる。その結果，シドニーの貧困問題に統計学的手法をもって取り組んだり，鉄道の国有化問題の研究をするなどをして，彼は，経済学研究の道に入っていくのである。

1859年イギリスに戻ったジェヴォンズは，マンチェスター・オウエンズ・カレッジに職を得ると，経済分析とかつての石炭埋蔵量の研究をもとに『石炭問題』(1862)を発表する。これは，当時下院議員であったJ. S. ミルやグラッドストーンが議会で引用したことで評判をよび，彼の名は一躍世に知られるようになる。1866年同カレッジの教授に就任したジェヴォンズは，1871年主著『経済学の原理』を刊行した。1876年には，ついに母校の経済学教授に就任する。しかし，長年の執筆と職務の両立ですでに健康を害していた彼は，執筆に専念するためとして1880年には早くも辞職してしまう。結局，その後も彼の健康は十分に回復することはなく，1882年の夏に海水浴中に衰弱し，溺死して生涯を終えた。

(2) 交換論

ジェヴォンズは，限界効用に基づく交換を微分法を用いて定式化する。彼は，1商品の保有者全員がひとつの集団に属するとみなして，2集団間の2商品の交換モデルを示す。この集団は交換団体(trading body)とよばれ，すべての個人，産業部門，さらには，国にまであてはめることができる。いま交換団体1と2は，それぞれ一定量の財aと財bの2財を保有している。彼らは，現在の財の保有状態よりも，2財の保有量を適度に変えて消費した方が，より大きな総効用を実現できると考える。こうして，彼らは市場で交換を行う。なお，競争市場では一物一価が成立するものとする。これは，商品のすべての1単位が，同一の交換比率すなわち同じ価格で取引されるという法則である。つまり，aを財aの総量，bを財bの総量とした場合の交換比率$a:b$は，最初の微少1単位から最終微少1単位まで，すなわち$da:db$のすべてにおいて成り立つものとする。

交換団体1は交換前に財aを$q_{a,1}$量保有している（添え字のaは財a，1は交換団体1の意味）。ここから彼らは，財bを$\delta_{b,1}$量需要するために財aを$s_{a,1}$量供給する。他方，交換団体2は交換前に財bを$q_{b,2}$量保有している。ここから彼らは，財aを$\delta_{a,2}$量を需要すべく財bを$s_{b,2}$量供給する。ここで供給量sを現在の保有量からのマイナス，需要量δを保有量へのプラスであらわすことにする。すると，交換団体1が提供する財aの最終微少1単位の限界効用（uであらわす）は$u_{a,1}(q_{a,1}-s_{a,1})da$となる。これと交換に購入した財bの最後の微少1単位から得られる限界効用は，$u_{b,1}(\delta_{b,1})db$となる。同様に，交換団体2が提供する財bの限界効用は$u_{b,2}(q_{b,2}-s_{b,2})db$，需要する財aの限界効用は，$u_{a,2}(\delta_{a,2})da$とあらわされる。かくして，2団体の供給と需要の行動は，それぞれ次のようにあらわされる。

交換団体1の行動：財bを需要するために財aを供給

$$u_{a,1}(q_{a,1}-s_{a,1})da = u_{b,1}(\delta_{b,1})db$$

$$\frac{u_{a,1}(q_{a,1}-s_{a,1})}{u_{b,1}(\delta_{b,1})} = \frac{db}{da}$$

交換団体2の行動：財aを需要するために財bを供給

$$u_{b,2}(q_{b,2}-s_{b,2})db = u_{a,2}(\delta_{a,2})da$$

$$\frac{u_{a,2}(\delta_{a,2})}{u_{b,2}(q_{b,2}-s_{b,2})} = \frac{db}{da}$$

ここで一物一価の法則より，

$$\frac{db}{da} = \frac{b}{a}$$

であるから，最終的には，

$$\frac{u_{a,1}(q_{a,1}-s_{a,1})}{u_{b,1}(\delta_{b,1})} = \frac{b}{a} = \frac{u_{a,2}(\delta_{a,2})}{u_{b,2}(q_{b,2}-s_{b,2})} \quad (1)$$

となる。

　ここで財bを，財b以外のすべての財の価値を測る基準財(価値尺度財)と見なし，その交換量を1とおく。これと引き換えに入手できるa財の量すなわちb/a＝1/aが，ここで求める交換比率である。つまり，交換比率は交換量の逆数に等しい。

　次に，財aの価格をp_a，財bの価格をp_bであらわす(ここからはワルラスによる定式化である)。取引は，以下のような通常の取引の形である価格に数量をかけた数で行われる。

$$p_a a = p_b b$$

書き換えると，

$$\frac{b}{a} = \frac{p_a}{p_b}$$

一物一価の法則をふまえると，

$$\frac{db}{da} = \frac{p_a}{p_b}$$

したがって，交換団体1だけを取り上げると，

$$\frac{u_{a,1}(q_{a,1}-s_{a,1})}{u_{b,1}(\delta_{b,1})} = \frac{p_a}{p_b} \quad (2)$$

となる。交換団体2についても同様の結論となる。(2)式は，限界効用の比（左辺）が価格比（右辺）と等しくなるように人びとが売買を行うことを意味する。これは，次のような意味である。仮にb財の供給量だけが2倍に増え，a財とb財の交換比率が1:2すなわち $\frac{b}{a}=\frac{1}{2}$ になったとしよう。価格でみると，b財価格が半額に下落するか，またはa財価格が従来の2倍に上昇する。よって，$\frac{p_a}{p_b}=\frac{2}{1}=2$ となる。この場合，売りと買いの得失を判断するべき限界効用は，従来の $u_{a,1}$ と $u_{b,1}$ の比較ではなく，$u_{b,1}$ と $2\times u_{b,1}$（なぜなら $u_{a,1}=\frac{p_a}{p_b}\times u_{b,1}$ だから）の比較となる。(2)式をさらに次の(3)式に書き直す。

$$\frac{u_{a,1}(q_{a,1}-s_{a,1})}{p_a}=\frac{u_{b,1}(\delta_{b,1})}{p_b} \quad (3)$$

これは，メンガーの限界効用均等化法則と同じものである。この式の意味は，次のようなものである。交換団体1は，自らの総効用を最大化しようとしている。そのために人は，貨幣1単位あたりの限界効用がすべての財において等しくなるように，すべての財の最終1単位の保有量をたえず微調整する。たとえばさまざまな財をすでに一定量保有している人がおり，毎日の買い物を財の最終1単位の調整と見なす。すると彼は，買い物において貨幣1単位あたりの限界効用の高い財の購入量を増やし，低い財の購入を控えることで(3)式を成立させる。これが彼の総効用を最大化させる合理的な消費行動といえる。

(3) 交換の利益

ジェヴォンズは，J. S. ミルの貿易論を批判することによって，貿易黒字と交換の利益がまったく別のものであることを示す。ミルによれば，貿易によって最大の利益をあげる国とは，外国による自国製品購入がもっとも多くかつ自国による外国製品購入がもっとも少ない国である。ただし，国民所得の大きな豊かな国は輸入額も大きくなるので，それだけ交換条件も不利となる。このよ

うに，ミルは貿易黒字を交換の利益とみている。しかしそれでは，交換によって利益を求めるはずの交換団体は，豊かになるにつれてわざわざ損をするために自発的に貿易を行うことになってしまう。

そこで，ジェヴォンズは次のように述べる。「国とは，商品売買によって利益を求める商社とはちがう。商品を買うのはそれを消費するためなのである」。なぜなら，「消費者が一商品からうける利益を測定するにあたっては，その尺度となるべきは総効用であって，交換条件を規定する最終効用度ではないからである」(ジェヴォンズ，1981：107)。ジェヴォンズのみるところ，ミルの誤りの原因は価格と総効用の混同にある。限界効用均等化法則が成立するとき，交換当事者はみな交換前に比べて交換後に総効用を増大させている。貿易収支の黒字(すなわち価格×輸出入量の差額)ではなく消費者の総効用の最大化。これが，ジェヴォンズのいう交換の利益なのである。

(4) 思想と政策

ジェヴォンズは，「最大多数の最大幸福」という言葉で知られるJ.ベンサムの功利主義哲学の信奉者であった[2]。彼は自らの経済学を「快楽と苦痛の微積分学」「効用の計算学」とよび，「経済学の目的は，快楽を最小限の苦痛をもって購入することで幸福を最大化することにある」(ジェヴォンズ，1981：18)と述べる。

理論においては最大幸福原理に基づく望ましい社会のあり方を示すことは禁欲され，効用の純粋に量的な大小や増減だけが取り扱われる。これに対して政策論では，(彼にとっての)望ましい社会の姿が示される。そこでは「最大多数の最大幸福」が最終目的とされ，これを実現するための規制策と政策論が展開される。以下，代表的政策を3つあげてみよう(コリソン・ブラック，1986：15-36，ピアード，2006：153-168，井上，1987：193-226)。

第1は規制策である。ジェヴォンズは，当初はいわゆる自由放任論を支持していた。しかし彼は，研究後期になると個人的自由を絶対視せず，これを最大幸福社会に到達するための手段と見なすようになる。それゆえ，最大幸福原理の実現を促す場合に自由は擁護され，これを妨げる場合には法による制限や政

府干渉が正当化される。さらに，個人の自由が認められるためには次の2条件を満たすべきと彼は考える。① 個人に自分自身の利害をよく知り得る程度の判断力がある。② 個人に自分自身の管理が可能である。① からみると，女性・若者・子どもは判断力に欠ける（と彼はみなす）。そのゆえこれらの人びとの労働条件に関する法的規制は正当であり，とりわけ母親の工場労働にジェヴォンズは反対する。もっとも，大工場が託児所を設け，医療対策を行い，母親が子どもの送迎をできるようにするといった条件をつけて，母子家庭の母親と寡婦を保母として雇用（国による雇用を含む）することを認めるべきとも彼は述べる。② からみると，工場労働者は労働時間を自分で管理することはできない。それゆえ規制による労働時間短縮が認められる。ただし，労働時間短縮による賃上げを目指す労働組合のやり方には彼は反対する。

　第2に，政策論として公益事業の国有化論をみよう。当時，普及が進んでいたさまざまな公共事業（鉄道・水道・ガス・電灯・郵便など）に関してイギリスでは国有化論争が繰り広げられていた。ジェヴォンズは当初，投機家の競争によって全土に普及したアメリカの鉄道網を念頭に，鉄道の国有化に反対していた。しかし，国営の郵便事業（為替・貯金・電信・電話など）の成功をみて，国家の経済活動の研究に取り組む。その結論をみると，事業ごとの個別の検討の必要性が述べられるにとどまる一方で，国営化の4条件を彼は呈示する。① 多数の広範囲の活動が単一の政府のなかで効率的に結合・統合・調整されている。② 作業が不変で決まりきった仕事である。③ 公衆の監視の下に活動が行われ，失敗や放漫が直ちに発見される。④ 資本支出がわずかで，年々の収入と支出が正確に把握され，かつ真の営利状態を反映している。これらの条件に照らすと，郵便は4条件すべてを満たすので国有・国営化に向いている。これに対して鉄道は，① を満たすものの非効率・放漫な経営がみられるため国有化には不向きとされる。

　第3に，ジェヴォンズは，貧しき労働者たちの性格の改善または自立自助（倹約と貯蓄）の精神を養う見地からも政策論を提案している。この見地から，彼は医療への公費支出には反対する。不慮の病気に備えようとして人びとは倹約

の習慣を身につけるのに，公的医療制度はその習慣を弛緩させてしまうと彼は考えるからである。これに対して，教育・博物館・野外大衆コンサートなどの公費支出に彼は賛成する。なぜなら，これらは人びとの性格の改善に役立つからである。また貯蓄と倹約による自立の観点から，労働者と資本家の共同経営や労働者協同組合も彼は支持する。これらについては，労働者が事業に関心をもつことで勤勉な性格が身につくこと，事業への不満とストライキの減少，貯蓄の増加，平等所得をもとめる志向の衰微といった利益があげられている。

③ ワルラス

(1) 生　涯

　レオン・ワルラスは，1834年フランス西北部の街エヴルーに誕生した。父オーギュストも経済学者であり，高等学校の哲学教授や文部行政の視学官を職業としていた。青年期のレオンは，フランスの理工系トップ校への進学を目指したが2年連続で失敗し，やむなく鉱山学校に入った。このような彼が経済学に一生を捧げる決意を固めたのは1858年，散歩のおりに父から説得されてのことである。1860年最初の著作『経済学と正義』を出し，ローザンヌで開かれた租税コンクールにおいて，父ゆずりの土地国有化と租税廃止論を発表した。しかし職には恵まれず，1860年代の彼はいくつかの職を経験した。鉄道会社に勤務したり，協同組合運動にも参加し，自らも信用組合の経営に関与した。だが，組合は不況で破綻し，彼も負債を背負って終わった。

　1870年ワルラスに転機が訪れる。ローザンヌ・アカデミーが経済学講座の新設を決め，租税コンクールで彼の報告を聞いた人物が出願をすすめたのである。土地国有化論が社会主義的だとして問題視されたこともあり，彼の採用は一票差でかろうじて決められた。着任後，1874年に主著『純粋経済学要論』第1分冊が刊行されると，その後はこの書の改訂と政策論の論文を書き続けた。

　老境に入り体調を崩したワルラスは，教授職をV.パレートに譲って1893年に辞職した。これ以後は著述に専念する生活に入り，1896年と1898年には論

文集『社会経済学研究』と『応用経済学研究』を刊行した。1909年には欧米各国の経済学者が集まって教授生活50周年を祝う式が開かれ，その翌年彼は亡くなった。

(2) 時代と思想

　ワルラスが生まれた時代，7月王政期はフランスで産業化が進行した時代であり，これに伴う労働者の貧困が注目を浴びた時代である。「社会問題」(question sociale)，「社会的貧困」(paupérisme)という言葉がこの時代に登場する。機械化が進んだ産業ではもはや熟練工は不要となり，成人男性が朝から晩まで働いても生活にはぎりぎりの1日2, 3フランしか稼げなかった。女性は男性の半額，児童はさらに女性の半額の賃金で働いていた。この当時，物質的貧困だけでなく道徳的貧困にも大きな関心が寄せられた。放縦な性行動，暴力，アルコール中毒などが労働者階級の悪習とされ，貧困原因も労働者個々人の低いモラルに求められがちであった。

　しかし，たくさんの人びとを失業と低賃金の状態に追いやったのは，何といっても恐慌である。1948年恐慌は農村部人口を大都市に流出させ，1860年代の綿恐慌は繊維産業都市の住民を窮乏化させた。19世紀後半になると労働者の生活水準は徐々に向上したとはいえ，リヨンでは，1857年，1866年，1875年に，輸出用絹市場が縮小するたびに絹織物工が失業し，1880年代の恐慌はナントの造船労働者7,000人を失業させた。

　ワルラス1860年のデビュー作は，「社会問題研究の序論」という長大な文章から始まる。そこに，次のような一節がある。

　　「社会には貧困を代々宿命づけられた諸階級が存在し，貧困ゆえに科学と法の享受から，そして社会進歩の運動から完全に置き去りにされた不幸な人びとが存在する。貧困によって打ちのめされている彼らの個人的な努力だけでは，社会的貧困の根絶は期待できない」(Walras, 2001：88)。

彼が研究をはじめて以来，その生涯の最後まで念頭にあった問題は，「社会問題」または「社会的貧困」であった。彼がここで紹介するのは，女性労働者の境遇である。いわく，彼女たちの賃金はきわめて低い。唯一の解決策は高等教育と職業教育である。しかし学校は私立であるため，彼女たちの低賃金では通うことができない。結局，低賃金ゆえに貧困から抜け出す手立てが奪われ，母から娘へと，彼女たちには貧困の刑が代々宣告されている。

フランスでは，貧困原因をめぐって百家争鳴といえる議論が19世紀の前半から続いていた。なかでも，後に皇帝となるルイ・ナポレオンの『社会的貧困の根絶』(1844年)は大きな評判をよんだ。経済学者主流の自由放任派は，社会的貧困は存在しないと主張していた。そうみえるものは，個人の責任に帰せられる貧困が無数に集積したものにすぎないと彼らは考えるのである。逆にルイ・ブランなどの社会主義者たちは，すべての貧困は社会の問題に帰せられるとしていた。ワルラスは，経済学者と社会主義者両者を批判しかつ両立させるべく，次のように述べる。

「貧困の原因には自然的，社会的，個人的なものがある。科学が取り入れる自然的技術は，自然的貧困に対する闘いである。第2の貧困は生産と分配の合理的な組織化によって廃絶されるであろう。第三の貧困は，……自由の原理が，個人の私的利益に貧困の廃絶を任せることを求める」(Walras, 1992：433)

第1の貧困解決策は技術進歩による生産性向上である。これは経済学の対象外の課題である。第2の貧困は，個人の努力(イニシアチヴ)では実行不可能な法制度・財産制度・税制の改革を意味する。具体的には土地国有化と租税廃止である。これらは平等条件を確立するために，政府のみ実施可能な改革策である。第3の貧困は，自由競争の下での個々の自助努力によって可能な地位向上策である。具体的には協同組合を指す。

このような個人と政府の責任の割り当て方は，彼独特の自然権思想に由来す

る。彼の社会哲学は,「条件の平等,地位の不平等」「個人の自由,国家の権威」（Walras, 1990a：140）というスローガンに集約される。これは,フランス革命時の人権宣言(1789年)に改良と補完を加えた言葉である。人権宣言では,「自由」「平等」が人間の生まれつきの権利(自然権)とされた。ワルラスは,人権宣言の実現を経済領域で目指し,かつ批判も加える。彼によれば,人間は生まれながらに国家のなかにあるので,個人と同格の自然権が国家にも与えられる。また,自由と平等という価値は,権威と不平等という価値と対になってはじめて実現する。そしてまた,個人の私有財産(租税廃止)は,国家の共同所有(土地国有化)と対になってはじめて完全なものとなる。このように彼は考えるのである。これに従うと,個人と国家はそれぞれの責任において次のような役割を果たす。まず,個人は市場において自由に行動する権利があり,結果の不平等を受け入れなければならない。そして国家は権威の原理にしたがって行動する権利があり,競争条件の平等策を講じなければならない。

(3) 純粋経済学 – 交換論

　ワルラスの代名詞ともいえる一般均衡論の枠組を示す(図6-1)。家計は,消費者として生産物市場で企業家から生産物を買う。それと同時に彼らは,労働者・資本家・地主として生産要素市場で労働・資本・土地を一定期間企業家に

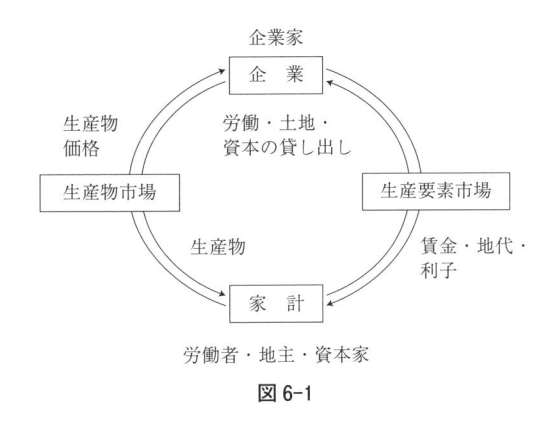

図 6-1

図6-2

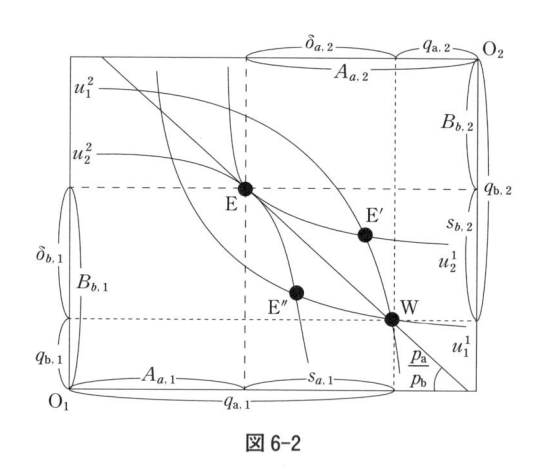

貸し出し，企業家から賃金・利子・地代を得る。企業家は上記3つの生産要素を借り入れ，費用最小化原理に従って生産物を生産する。これを彼は，生産生産物市場において販売する。生産物価格から生産費を引いた残額がプラスであれば企業家は利潤をうけ取り，マイナスであれば損失をこうむる。

　もっともシンプルな一般均衡モデル，2人が2財を交換するケースをここで図解してみる（図6-2）。この箱型グラフは，ジェヴォンズの後に登場したイギリスの経済学者の名をとってエッジワース・ボックスという。

　人物1の2つの無差別曲線を u_1^1 と u_2^1，同様に人物2のそれを u_1^2 と u_2^2 とする。地図の等高線の同一線上の点がみな同じ高度をあらわすように，同一曲線上の財aと財bの購入量の組み合わせから彼らが得る満足度は，どこをとってもみな同じである。また，財の消費量が多ければ多いほど，消費から得られる人びとの満足度は高い。したがって人物1の無差別曲線は，原点 O_1 から北東方面に遠ざかれば遠ざかるほど満足度が高いことを意味する。よって，u_1^1 よりも u_2^1 の方がより高い満足度をあらわす。人物2は逆に，原点 O_2 から南西方面へ遠ざかるほどより高い満足を実現している。

　ただし，より高い満足度を求めて無限に消費をすることができるわけではない。消費は一定の予算制約の範囲内でなされる。最初に与えられている財aと

財 b の合計量 $q_{a,1}+q_{a,2}$ と $q_{b,1}+q_{b,2}$ は，これ以上増やすことができない。よって，これらがこの経済全体の予算制約である。図では，財 a の予算制約がボックスの横の長さに，そして財 b のそれが縦の長さに該当する。各人の予算制約は，点 W を通る傾き $\frac{p_a}{p_b}$ の予算制約線の内側の領域によってあらわされる。消費者はこの予算制約の枠内で交換を行い，総効用を最大化させようとする。

　初期保有点を点 W とし，ここから両者は交換を始める。点 W における人物 1 の 2 財保有量は $(q_{a,1}, q_{b,1})$，人物 2 のそれは $(q_{a,2}, q_{b,2})$ である。人物 1 は人物 2 に対して財 a を $\varDelta a$ 単位供給し，これと引き換えに人物 2 から b 財を $\varDelta b$ 単位獲得するものとしよう。2 財の交換比率は $\frac{\varDelta b}{\varDelta a}$ である。これは無差別曲線の傾きによってあらわされる。後に，一般均衡理論の後継者 J. R. ヒックスは，この交換比率を限界代替率(Marginal Rate of Substitution: MRS)と名づける。人物 2 は，これと逆の行為をしている。

　次に点 E′ における交換をみると，人物 2 は相変わらず無差別曲線 u_1^2 上にいるので効用水準に変化はない。これに対して人物 1 の状態は無差別曲線 u_1^1 から u_2^1 に移っている。したがって人物 1 にとっては，交換前の点 W よりも交換後の点 E′ の方が，効用水準でみた経済状態は改善される。これがジェヴォンズのいう交換の利益である。与えられた予算の制約内で，現状よりも大きな満足度を実現することができるとわかれば，彼らは点 W から点 E′ に移って交換を行う。点 E″ は，逆のケースである。人物 1 は現状にとどまり，人物 2 だけが状態を改善させる。同じ要領で，双方またはどちらか一方でも状態の改善がある限り，交換地点を移動させてゆく。すると，最終的に点 E に到達する。このときの交換後の人物 1 の財保有量は $(A_{a,1} B_{b,1})$，人物 2 のそれは $(A_{a,2} B_{b,2})$ であらわされる。ここでは 2 人の無差別曲線と予算制約線が交わらずに接している。すなわち E 点では，2 人の限界代替率が予算制約線の傾き(相対価格)に等しく，

$$MRS_1 = MRS_2 = \frac{p_a}{p_b} \quad (4)$$

が成立している。(4)式の成立する点 E の状態を今日パレート最適という。そこではもはや両者が同時に経済状態を改善することはできない。一方が現状以上の改善を望むなら，相手の経済状態を悪化させなければならない。これが交換の利益の極限すなわち市場競争の資源配分の効率性の意味である。そして交換終了後のこの均衡状態のもとでは，ジェヴォンズでみたとおりの限界効用均等化法則をあらわす以下の(5)式が成立する。

$$\frac{u_{a,1}(q_{a,1}-s_{a,1})}{u_{b,1}(\delta_{b,1})} = \frac{u_{a,2}(\delta_{a,2})}{u_{b,2}(q_{b,2}-s_{b,2})} = \frac{p_a}{p_b} \quad (5)$$

(4) 純粋経済学—生産論

(5)式を応用して生産論をみることにしよう。ワルラスの生産論は，労働者と企業家の間の2商品交換として考えることができる。人物1を労働者，人物2を企業家とする。財 a を余暇時間，財 b を賃金財(たとえば小麦)とすると，図6-2の横軸は余暇量に，縦軸は賃金財量に置き換えられる。O_1 を労働者の原点，O_2 を企業家の原点とする。交換前に労働者は余暇を $q_{a,1}$ 時間，賃金財を $q_{b,1}$ 量保有し，企業家は余暇を $q_{a,2}$ 時間，賃金財を $q_{b,2}$ 量保有する。交換によって労働者は余暇を $s_{a,1}$ 時間減らす。これは $s_{a,1}$ 時間企業家のもとで労働することを意味する。彼はこれと引き換えに，企業家から賃金財を $\delta_{b,1}$ 量受け取る。これを企業家側からいうと，彼は労働者を雇用して自らの余暇を $\delta_{a,2}$ 時間増やし，賃金財 $s_{b,2}$ 量を労働者に供給する。そして，交換終了時には(5)式が成立している。

(5) 社会経済学

図6-2の点 W と点 E を比較すると，労働者と企業家の経済的状態は，いずれも交換後に改善している。つまりジェヴォンズの交換の利益という意味でいえば，交換は，すべての当事者に利益をもたらす。それゆえ交換すなわち競争

は社会問題の根本原因たりえない。問題は，市場メカニズムの効率的な資源配分が労働者の生存を何ら保障するものではないことにある。

　ワルラスのみるところ，社会問題の原因は，競争に先立つ所有権の分布状況にある。その意味は図6-3から理解することができる。人物1を労働者，人物2を企業家とする。そしてO_1から点線までの縦の長さを，労働者本人と家族の生存にとって最低限必要な賃金財量とする。初期状態は図3の点W_1であり，交換終了後は点E_1に移る。だが，労働者にとって点E_1は，交換の利益が完全に実現してなお，生存最低限の賃金財を得られない点である。また，O_1の近くに置かれる労働者は，交換前後のいずれも賃金財量と余暇時間が少ない。すなわち長時間労働と低賃金の状態に置かれている。

　ワルラスが女性労働者にみたこととは，人口の相当数の人びとの所得と資産の出発点（初期状態）が，この点W_1に置かれているということである。競争による資源配分は，競争開始前の資源の分布状況に依存している。自由放任の名でこれを放置すると，もちろんなかには自助努力で貧困から抜け出す者もいるだろうが，多くは貧困のまま置かれる。また，初期状態は親から子へ代々再生産される。子どもにまで自助努力による生存を求めることはできない。つまり，交換の利益と生存は一定の条件があってこそ両立可能であり，条件の整備は個人の自助とは異なる力によるほかない。その役目を担うのが政府である。

　こうして問題は，生産要素の初期保有状態すなわち分配を扱う社会経済学の

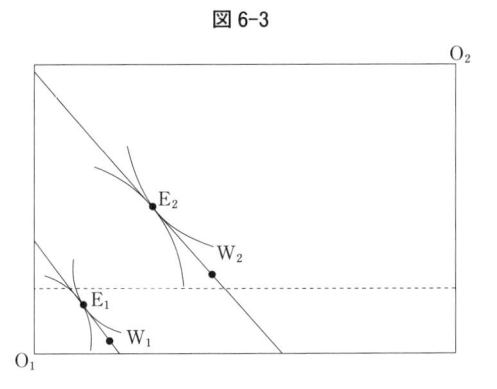

図 6-3

領域に入る。ここでワルラスは，数十年という長期にわたる漸進的土地国有化と租税廃止を提案する。そして条件の平等策として，国有化された土地の地代を原資とする無償公教育制度と公共サーヴィスの無償提供を提案する。そしてもうひとつの政策である租税廃止は実質所得を増やす。これらにより，労働者の地位は高まり，初期状態は点 W_1 から点 W_2 へと移動し，労働者は最低水準の生活から抜け出すことができると彼は考えるのである。

(6) 応用経済学——労働市場政策

競争理論は，市場参加者の対等を仮定する。しかも，彼らは，労働と余暇の配分を自由に決めることができる。しかし，現実の労働市場には資力を背景とした労使間の力の差が厳然と存在する。この場合，価格の下の条件の平等は形骸化する。また現実の労働市場は，長時間労働への規制，企業家や労働者の団結と組合への組織化など，他の市場に比べて摩擦要因であふれている。さらに恐慌は，労働市場の解雇や賃下げ，ストライキによる市場の機能不全を引きおこす。これらについてのワルラスの対処策をみることにする。

まず労働と余暇の自由な配分という仮定について，彼は「経済学者は自らの抽象によって欺かれてはならない」という。そのような自由は，自由業・自営業だけにあてはまることである。たいていの場合，仮定は実現不可能で，工場労働者は全員同じ労働時間を働く(Walras, 1992：253)。彼のみるところ，労働時間を決めるのは個人の意志ではなく企業家の競争である。企業家は，銀行借入か社債・株式発行によって事業資金を調達し，元本を完済するまで定額利子を払い続けなければならない。しかし，生産物市場で競争が激しくなると製品価格は下落し，売上高は落ちる。そこで，売上高を保つため企業家は大量生産に追われる。そのしわ寄せは結局，労働時間延長という形で労働者に向かう。そこでワルラスは，次のように述べる。「企業家には労働時間を無限に延長する傾向がある。しかしこの傾向はとめなければならない。労働者は1日24時間働くことはできない。強制の上限を固定しなければならない」(Walras, 1992：253)。

恐慌時のストライキや解雇についても彼は発言する。図6-1をみると，彼の理論においては企業家と資本家はそれぞれ独立している。しかし，現実には企業家が地主や資本家を兼務することが多い。したがって企業家と労働者との間には資金力に差があり，「最終的には労働者に勝つことが保証されている」(Walras, 1996：583)。ただし，労働者には数の力という利点がある。共済組合や抵抗組合の基金によってストライキ中の生活を支えることで，彼らは企業家に対抗することができる。このような団結は労働市場における供給独占であり，ストライキは労働者自身の利益にもならないと彼は考える。それでも彼は，「労働者の利益は疑わしくとも，逆に彼らの権利は明白である」(Walras, 1990b：207)として，結社の自由を支持する。ワルラスはここで，イギリスの仲裁制度の導入による紛争解決をすすめる。しかし，企業家が損失を出してまで事業を継続することは期待できない。その場合，団結やストの回避を求めるほかない。そこで彼は，労働者がこうむる不利益への補償として，賃金税の廃止を提案するのである(Walras, 1990b：212)。

(7) 応用経済学――アソシアシオン(協同組合)

協同組合とは，資本家に従属せざるをえない労働者が自らの自立を目的に設立する企業である。協同組合には株式会社にはない独特の原則がある。まず株式会社が営利(利潤)目的の企業であるのに対して，協同組合は利潤を否定しないもののこれを目的としない事業である。協同組合の目的は，組合員(アソシエ)の生活水準の向上にある。次に企業の最高意思決定機関である総会において，株式会社が1株1票制をとるのに対して，協同組合は1人1票制をとる。出資金額と配当については，株式会社が無制限であるのに対して，協同組合では上限が設けられる。こうして大株主の出現は阻止され，組合員間の不平等は拡大しにくくなる。以下ワルラスによるその普及策をみることにする。

まず，労働者には組合設立に必要な資本を貯える余裕がない。ここで，賃金税が廃止されれば，労働者は従来の課税分を貯蓄できるようになる。この貯蓄は，生産者組合では設備投資や原材料購入に充てられる。生協のような消費者

組合では店舗設立と商品購入に充てられ，信用組合では消費者組合と生産者組合設立のための貸出を増やす原資となる。

普及のきっかけをつくるのは信用組合である。消費者組合と生産者組合は，信用組合から事業資金を借入れ，一定期間後に利子をつけて元本を返済する。信用組合は，消費者組合と生産者組合に融資をするだけでなく，彼らのために顧客も紹介する。顧客とは信用組合に口座をもつ組合員である。顧客を紹介してもらった消費者組合と生産者組合は，定価の一部を値引きして現金販売を行う。ただし，値引き分は顧客の信用組合の口座に振りこまれて貯蓄される。このように，3つの組合の間でヒト・モノ・カネが順調に回っている場合には，消費者組合と生産者組合には顧客がつねに保証される。また，現金販売のおかげで操業に必要な現金が常時手元に残る。一方，信用組合には売買のたびに自動的に貯蓄が集まる。これが新たな組合設立のための貸付金となり，市場経済のなかの協同組合の領域のさらなる拡大が可能となる。

もっともワルラスは，普及には限界があるとみる。まず組合は，貯蓄と教養のあるエリート労働者だけに可能な事業である。次に，協同組合はあくまでも，個人の自発的意思と貯蓄に由来する経済状態の改善である。図6-3でいえば，これは，生存水準を超えた点W_2からはじまる改良策である。したがって，政府の無償公共サーヴィスや租税廃止のように，国民全員の初期状態を点W_1から点W_2へと移動させる社会問題の解決策とまではいえないのである。

(8) ワルラスのヴィジョン

ワルラスは，自らのヴィジョンを総称して「科学的社会主義」とよぶ。これをまとめてみる。政府による市場の組織化によって，競争市場の「自由」が実現する。そして土地国有化の地代を原資とする無償公共サーヴィスが「条件の平等」策を実現する。こうすれば，租税は廃止可能となる。

社会の進歩が進めば，社会全体に存在する資本量は増加する一方で，資本間の競争が激しくなるため資本家の得る利子率は下落する。賃金は，ほぼ一定で変わらないと彼はみる。ここで人口増加と土地面積の一定を仮定すると，土地

需要に供給が追いつかず地代は上昇する。それゆえ土地が国有化されれば，政府の平等化政策のための財源は増加傾向となる。地主は土地を手放すのと引き換えに年金生活者となる。租税が廃止されるとその分は貯蓄され，これは協同組合の出資金となる。組合の事業が成功すれば，企業家を兼務する労働者は賃金のほかに配当や利子をうけ取る。こうして，資本家と労働者の地位が接近するという見通しをワルラスはもつのである。

● 注
1）限界効用（独語 Grenznutzen, 英語 marginal utility）という言葉は，メンガーの大学ポスト後継者ヴィーザーの造語である。ジェヴォンズは最終効用度（final degree of utility），ワルラスは希少性（rareté）という言葉を用いる。
2）最大幸福原理とは，次のような思想である。人間の行為は「快楽」と「苦痛」いずれかの感覚を引きおこす。前者が後者を上回る状態を「幸福」という。個人と政府の行為が「幸福」を増大させる場合，その行為は「正しい」。諸個人の幸福の総和を社会の幸福とする。ただし，ベンサム思想の核心は，「すべての者に等量の幸福を与える」という平等原理にある。有名な最大幸福原理はこの平等原理を実現できない場合の次善原理である。しかし，次善原理ゆえに，功利主義は多数派の幸福のために少数派を犠牲にすると批判される。平等原理に立てば，それは少数派の権利擁護の思想となる。板井（2007）36-38 頁。
3）多数財の一般均衡について以下に簡単にまとめておく。生産物と生産要素をすべて合計して，第 1 財から第 n 財まで n 種類の財があるものとする。n 種類の財の需要供給量は，ある 1 財それ自体の価格と他のすべての財の価格の影響をうける。ここで任意の i 財の価格を p_i，需要量を D_i，供給量を S_i，需要量と供給量の差額である超過需要(D_i-S_i) を X_i とする。一般均衡状態の超過需要は 0 であるから，

$$\begin{cases} X_1 = X_1(p_1, p_2, \cdots\cdots, p_n) = 0 \\ X_2 = X_2(p_1, p_2, \cdots\cdots, p_n) = 0 \\ \cdots\cdots \\ \cdots\cdots \\ X_n = X_n(p_1, p_2, \cdots\cdots, p_n) = 0 \end{cases} \quad (1)$$

という連立方程式によってあらわされる。ここには，n 個の未知数と n 個の方程式がある。方程式の数と未知数の数が一致するので，この方程式は解くことができ，解は均衡価格である。これらの均衡価格を，各財の需要関数と供給関数に代入すれば，需要と供給の均衡量を求めることができる。

ただし，n個の方程式のうち1個の解は，残るn−1個の方程式を解くことで導くことができる。貨幣の存在しない物々交換を仮定すると，ある財が需要されるのであれば，それと等価値の別の財が供給されていなければならない。それゆえ，第i財の価格をp_iとすれば（iには1からnまで代入する），各財の需要量の総価格$\sum_{i=1}^{n} p_i\delta_i$と供給量$\sum_{i=1}^{n} p_iS_i$の総価格は恒等的に等しくなる。したがって，超過需要量分の総価格はこの場合0である。式にすると，

$$\sum_{i=1}^{n} p_iX_i \equiv 0 \quad (2)$$

である。つまり，(1)式において第1番目から第n−1番目までの式が成立しているとすれば，$\sum_{i=1}^{n-1} p_iX_i = 0$となる。この式を(2)式に代入すると，n個目の財について$p_nX_n = 0$となり，(1)式の第n番目の式も必ず成立する。これをワルラス法則という。森本（1992）162-164頁。

● **参考文献**

Walras, L. (1990a) *Etudes d' économie sociale*, in *Œuvres économiques complètes Auguste et Léon Walras*, t. 9.
Walras, L. (1990b) *Les associations populaires coopératives*, in *Œuvres*, t. 6.
Walras, L. (1992) *Etudes d' économie politique appliquée*, in *Œuvres*, t. 10.
Walras, L. (1996) *Cours,*, in *Œuvres*, t. 12.
Walras, L. (2001) *L' économie politique et la justice*, in *Œuvres*, t. 5.

板井広明（2007）「ベンサム」，小峯敦編『福祉の経済思想家たち（増補改訂版）』ナカニシヤ出版
井上琢智（1987）『ジェヴォンズの思想と経済学』日本評論社
コリソン・ブラック，R. D. 著，上宮正一郎訳（1986）「W. S. ジェヴォンズ」，オブライエン，D. P. 他編，井上琢智他訳『近代経済学の開拓者』昭和堂
ジェヴォンズ，W. S. 著，小泉信三他訳（1981）『経済学の理論』日本経済評論社
ハイエク，F. A. 著，田中真晴他訳（1987）『市場・知識・自由』ミネルヴァ書房
ピアート，S. 著，石橋春男他訳（2006）『ジェヴォンズの経済学』多賀出版
メンガー，C. 著，八木紀一郎他訳（1982，1984）『一般理論経済学』1-2，みすず書房
ワルラス，L. 著，久武雅夫訳（1984）『純粋経済学要論』岩波書店
森本好則（1992）『ミクロ経済学』有斐閣
八木紀一郎（2004）『ウィーンの経済思想』ミネルヴァ書房

第7章

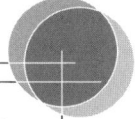

ケインズおよびその後の経済思想

1 マーシャル

(1) 生涯と時代

　アルフレッド・マーシャル(Marshall, A., 1842-1924)は，1842年ロンドンに生まれた。父ウィリアムは，イングランド銀行の出納官(cashier)であり，マーシャルはケンブリッジ大学への入学が可能な名門パブリック・スクールに9歳から18歳まで通った。だが，聖職者養成のための古典語と聖書中心の教育に不満を覚えた彼は，この頃正規科目となった数学の学習に励んだ。ケンブリッジでも数学を専攻したマーシャルは，2位の成績で卒業すると分子物理学の研究を志して大学に残った。しかし1870年頃，彼は自らの才能を「社会問題」の解決に捧げることを決意する。マーシャルは労働者階級の境遇にもともと同情的であり，休暇のたびにロンドンの貧困地区を訪れては労働者と交流をもっていた。かくして彼は，J. S. ミルの『経済学原理』を数式であらわすことを通じて，経済学研究の道に入っていくのである。

　1875年，マーシャルはアメリカを旅行し，製鉄・造船・化学・繊維・金属・衣類など最新技術の大量生産方式の工場をみて回り，アメリカ経済の急速な成長の理由を理解した。その後結婚した彼は，ブリストル大学に赴任し，1885年ケンブリッジに戻ってくると，1890年，満を持して主著『経済学原理』(以下『原理』)を刊行した。この書は，ミル『原理』に代わる経済学の新たなスタンダードとして成功をおさめ，世界中で広く読まれた。1908年，A. C. ピグーを後継者にして職を辞した後は『産業と商業』，『貨幣・信用・貿易』を出版し，1924年に没した。

マーシャルが当時対峙した問題は，大きくいえば2つである。ひとつは国内の貧困問題，もうひとつは国際経済におけるイギリスの相対的な地位低下である。19世紀後半のイギリスは，「世界の工場」としての最盛期は過ぎ，ことに70年から90年はヨーロッパの大不況期に見舞われた。労働者の生活水準は徐々に向上していたとはいえ，『原理』刊行と同時期のC. ブースのロンドン貧困調査(1886-1891年)をみると，「社会問題」が依然として大きな問題であったことがわかる。これによると，ロンドンの総人口のうち約30％が貧困線以下の水準にあり，1割は早急の援助なしには生活を維持できないほどの極貧であった。またその原因をみると，飲酒や浪費など習慣によるものが14％，病気・大家族など環境によるものが27％，そして不安定就労・失業・低賃金など雇用によるものが55％であった(金子，2005：82-90)。つまり，貧困は個人のモラルや悪習に起因するものよりも社会・経済的原因によるものが大部分であることが，このときはじめて定量的に明らかにされたのである。そして，イギリス経済の相対的地位低下が顕著になるのも，19世紀後半から20世紀の初頭である。アメリカとドイツがこの間に経済水準を大きく引き上げた[1]のである。

　以上の問題に対して，当時3つの解決策が示されていた。第1は，海外市場の獲得と大英帝国内の特恵関税制度の確立による自由貿易体制からの離脱である。これは，社会福祉の財源に関税収入を充てることによって労働者階級の支持を取り付けた。第2は，海外市場における競争のための労働者の賃金抑制策である。いわば，労働者階級の低賃金と自由貿易の両立といえる。これは，大都市製造業の資本家利益を代表する自由放任派の人びとの主張であった。そして第3は，国内生産力の増大による自由貿易体制の確立であり，これは労働者の高賃金と自由貿易の両立といえる。この第3の方策こそがマーシャルの採る道であった。

(2) 思　　想

　マーシャルの思想の特徴は，ダーウィンの生物学にならった経済進化の思想にあるといえる。たとえば，ある種類の鳥の集団のなかで変種が突如生まれる。

年月の経過につれてこれがさまざまな種の鳥へと分化し，環境にうまく適応した個体や種は存続し，適応できないものは淘汰される。単純で均質なものの集合体であった生物は，こうして分化と総合の過程を経て複雑で異質な集合体へと発展する。マーシャルは，このダーウィンの着想を企業と産業の盛衰のなかに見出し，有機的成長(organic growth)と名づける。分化は，分業や専門化された熟練技能の発展のほか，知識や機械の普及と発展を意味する。総合は，社会という有機体を構成する各部位の結びつきを意味する。たとえば，商業における信頼性の増大，鉄道や海陸の交通網，電信，郵便，印刷の拡大がこれに該当する。

　経済領域において淘汰を引き起こす力となるのが「代替の法則」である。市場競争は，生産性の劣る(すなわち生産コストの高い)企業家を別の企業家によって置きかえる。これにより，企業家は，生産に投入する生産要素(土地・労働・資本)の組み合わせを選択する際に，「より経費のかからない方法によって代替しようと努力する」(マーシャル，1985：③27 丸数字は巻数)。この法則はまた，機械や工場といった固定資本量の増加と技術革新を企業家に絶えず強制する。なぜなら，「機械を，それも最新式の機械に非常に近いものを用いない者は自らの地位を保つことはできない」(マーシャル，1985：③47)からである。こうして，いわゆる費用最小化に向けた生産性向上と技術革新の競争を生き残る企業・産業が，経済における適者ということになる。[2]

(3) 企業家と収穫法則

　次に，企業間の競争を表現する供給曲線の特質をみていくことにする。企業家は，商品開発，販路開拓，原材料と部品の外注などの事業展開に携わる。そこでは，「生産と消費動向に関する予測能力」と「事業の諸事に関する徹底的な知識」が必要とされる。行動様式も，「慎重に判断し，かつ大胆にリスクを引きうけ」るものでなければならない。そして何よりも企業家はリーダーの役割を担う。リーダーとしての彼は，助力者を正しく選び，彼らを信頼させて企業心と創造力を引き出す。同時に，「彼はすべてのことに全般的統率力を発揮し，

企業の中心的計画において秩序と統一を維持しなければならない」(マーシャル,1985：② 237-238)。

　企業家のこのような行動から生産物が産出される。ここで生産に使う土地・労働・資本の３種類の生産要素をまとめてひとつの生産要素とみなす。このひとまとめの生産要素の投入量を企業家が１％増やした場合に，産出量の増加分が１％未満のケースを収穫逓減という。これを逆にいうと，生産量を１％増やすために必要な生産要素投入量(総費用)は，１％以上となる。これを費用逓増という。競争的市場の企業の供給曲線は，産出量１単位あたりの総費用の増加分(限界費用)をプロットしたものである。それゆえ，この場合の供給曲線は右あがりとなる。次に収穫一定とは，生産要素投入量を１％増やしたときの生産量の増加分が同じ１％のケースである。この場合，費用は一定不変であるから供給曲線も水平である。最後に，収穫逓増とは，生産要素投入量を１％増やした場合の生産量の増加分が１％以上となるケースである。言い換えれば，生産量を１％増やすために必要な生産要素投入量が，１％以下で済むケースである。これを費用逓減といい，企業の供給曲線は右さがりとなる。いわゆる，規模の経済性や大規模生産の利益がこれに該当する。

　マーシャルは，以上の３つの生産要素に加えて，第４の生産要素として組織(個別企業内，同一産業部門内，産業部門間相互，国)をあげる。これは，社会の細分化と統合の進化において，人間の知識を広める仲立ちをする。その結果，産業部門内部と企業内で収穫逓増(＝費用逓減)が進行する。その第１は産業部門全体の発展による「外部経済」(経済とは節約の意味)に由来するものである。たとえば，同じ種類の企業が特定地域に集積することで，情報や新技術の知識が企業間で共有される。こうなると，個々の企業の情報収集や技術開発の費用が節約されて生産費は下がる。第２は，個々の企業のもつ「内部経済」によるものである。これは，企業家の「活力」のほか，機械化や企業ごとの特殊な知識，独自の生産工程，組織編成といった分業から得られる節約である。

　こうして，企業内では企業家が内部節約をすすめ，これと並行して産業部門内では企業間の外部節約が進行する。この過程では代替の法則が作用している。

個々の企業家は,「生産諸要素の効率的な入れ替え」によってより少ない費用の生産方法を求め,産業部門内では生産性の優る企業が劣る企業に取って代わる。こうして代替の法則による淘汰のプロセスを通じて,国という組織における節約が進み,一国全体の生産性が高まってゆくのである。[3]

(4) 価格論

　ここでは,右あがりの供給曲線(収穫逓減産業)と右さがりの需要曲線の交点において価格と財の取引量が決定されるものとする。商品価格を決定する要因は,古典派の労働価値論または生産費にあるのか,それとも限界論者のいう消費者の主観的満足すなわち需要側にあるのか。この対立する見方について,マーシャルは,期間が短いほど需要サイド(効用理論)が支配し,期間が長くなるほど供給サイド(生産費)が支配すると答える。

　まず,「一時的」均衡とは,企業が増産をすることができず,商品の現在の在庫量を供給の上限とする場合である。供給量は一定(供給曲線は垂直)であるから,需要が増加すれば価格は上昇する。この場合はもっぱら需要側が価格決定の原因となる。次に,「短期」では,企業が工場や機械などの現状の固定資本量を即座に増やすことはできないものの,その稼働率の上限までは需要増加に応じて商品供給量を増やすことができる場合である。この場合は需要と供給の双方が価格決定の主因となる。

　「長期」とは,商品需要量の増減に対して,企業が固定資本量の増減によって対応できる程度の期間である。この場合には,短期とは逆に企業の供給価格または生産性が均衡価格を支配する。資本量が増加するとき,設備の大規模化や技術革新による資本生産性の上昇をも伴うならば,資本量1単位あたりの産出量は増加する。これを逆にいうと商品1単位の生産に必要な資本量は減少し,製品1単位あたりの生産費は減少する。かくして長期では,企業の生産性水準すなわち生産費の水準が価格決定の主要因となる。マーシャルのもくろみでは,これは,古典派の生産費説と自然価格論の復権を意図するものであった。

　最後に,超長期は,知識,人口,資本がすべて変動する期間を指し,世代か

ら世代への需要と供給の変化を対象とする。

(5) 分配論
1)準地代と複合的準地代
　ここで短期において，生産性の異なる多数の企業が市場で競争をくり広げているものとする。製品1個あたりの超過利潤は，市場価格から生産費（一定の企業家利潤を含む）を引いた差額に等しい。生産費は，生産性のもっとも高い最優等企業の生産費がもっとも低く，生産性のもっとも低い最劣等企業（限界企業）のそれがもっとも高い。マーシャルの右上がりの短期の市場供給曲線は，各企業の生産費を左（優等企業）から右（劣等企業）に順に並べたものである。製品の市場価格は，最劣等企業の生産費に等しい水準に決定される。なぜなら，市場価格が生産費以下に下落すると限界企業は赤字経営となって市場から脱落するからである。結局，技術水準や労働者の資質などでもっとも秀でた企業は生産費をもっとも低く抑えることができ，超過利潤も最大である。これらが並みの水準の企業は，超過利潤も並みである。限界企業は，価格がすべて生産費によって吸収されるため超過利潤ゼロである。このように，超過利潤が生産性の格差に由来するという考え方は，リカードウの差額地代論と同じものである。そこでこの利益をマーシャルは「準地代」と名づける。ただし地代と異なり，長期でみるとこの準地代は消滅に向かう。劣位企業による模倣や技術のキャッチアップによって，優位企業の超過利潤は次第に消滅するからである。

　また，市場の全体の状態や業種の全般的な繁栄に由来する準地代をマーシャルは，「複合的準地代」と命名する。この利益は労働と資本の貢献に還元できるものではない。したがってこの利益をどのように分配するかは一義的に決定することはできない。ここでは労使間の一種の利潤分配制度が採用される。この場合「賃金の問題の解決は不確定」である。賃金水準は，熟練労働者を他の市場に追いやらず，かつ若い人びとをひきつけるのに十分な程度の高さを下限とし，資本と企業家能力の供給の必要が上限を画する。この両者の間のどの点に賃金水準が決まるかは，労使間の駆け引きと交渉次第となる（マーシャル，

1985：④177)。

2) 賃金と失業

マーシャルは,「西欧の諸国においてさえ，熟練労働は賃金が最高のところで一般にもっとも廉価であることはよく知られた事実である」(マーシャル，1985：④42)と述べる。これは，一体いかなる意味であろうか。仮に，労働者Ａが，労働者Ｂの２倍の賃金を受け取り，かつ２倍の労働生産性を有するとしよう。この場合，企業は低賃金労働者Ｂばかりを雇うとは限らない。なぜなら，Ａを１人雇ってもＢを２人雇っても，企業にとっては同額の労働コストだからである。さらにいえば，ＡがＢの２倍以上の生産性をもつことすらある(マーシャル，1985：④292)。とりわけ，高価で大量の固定資本が用いられる場合が，これに該当する。

マーシャルは，「能率賃金」という概念をここで用いる。作業の早い労働者Ａの生産性が労働者Ｂの２倍であれば，ＡはＢよりも２倍高い賃金をうけ取る。作業量１単位あたりのＡの固定資本使用量は，作業が早い分だけＢよりも少ない使用量で済ませることができる。したがって，労働と資本の費用を合計した総費用でみると，Ａの１人の雇用はＢの２人の雇用よりも少ない費用となる。言い換えると，ＡはＢの２倍以上の生産性(＝能率)ということになる(マーシャル，1985：④68)。低い労働コストと高賃金はこうして両立する。

次に，失業をマーシャルはどのように考えるだろうか。熟練度の高い労働者Ａのような労働人口が増加し，さらに技術進歩と大規模生産が進むと，少人数大量生産が可能となる。すると，機械による労働者の置き換えすなわち失業の発生が考えられる。彼の基本的な立場は次の言葉に端的に示されている。「国民分配分の成長は，発明の連続的進歩と，生産のための高価な機械の蓄積に依存する」(マーシャル，1985：④302)。つまり，資本の増加(＝蓄積)と技術進歩は経済成長をもたらし国民所得を引き上げ，失業を減らすので，これを止めてはならないのである。このマーシャルの言葉の背景には，マクロ経済の循環がある。

たしかにある一業種だけを取り上げてみれば，特定の種類の労働に従事する

者は失業するかもしれない。しかし，資本の全般的増加が労働全体にとってかわることはない。なぜなら資本増加は，この資本を用いて財を生産する労働者の雇用を増やすからである（マーシャル，1985：④ 30 頁）。マーシャルは，「資本増加は国民分配分を増加させ，ほかの方向においては労働の雇用に対する豊かな領域を開く」という（マーシャル，1985：④ 57）。つまり，資本増加→労働者の雇用と所得増加→総需要（おもに消費）増加→総生産増加→雇用増加と賃金上昇→総需要（消費と設備投資需要）増加→総生産増加→……という循環を彼は描く。技術進歩と大規模生産は，豊かさの実現にとって必須なのである。

(6) 人間と経済の進歩

最後に，『原理』第 6 編国民所得の分配をみることにしよう。まず経済の成長ルートをみることにする。

マーシャルは，穀物法廃止などの自由貿易政策によって新興国の安価な小麦がイギリスに輸入されて物価が下がり，労働者の実質賃金（名目賃金／物価）は上昇したという。また人口増大は資本需要ひいては雇用増加の機会を与え，資本の速やかな増加は賃金を引きあげるとする。そして安楽水準（＝量のみでみた消費需要）の上昇に，生産性上昇（労働または資本 1 単位投入量あたりの産出物増加）が伴うならば，一人あたりの国民所得は増大し，実質賃金の上昇が永続化するという（マーシャル，1985：④ 271-272）。

マーシャルの国民所得論の特徴は，以上の経済の物質的な成長論にとどまらず，人間の道徳的成長論をふくむところにある。1873 年の講演「労働階級の将来」におけるマーシャルの最終的な目標は，「すべての人が職業において紳士であること」に置かれる（マーシャル，1991：213）。そのための具体策は教育水準の向上とそのための労働時間短縮である。教育といってもそれは単に知識量の増加を意味するものではない。教養と性格の洗練，多数の人びととの交際能力，他人に苦痛や不快を与えるような言動を避けること，知的な精力，芸術家的な知覚，遠近の人間に対する同朋感情などがあげられる（マーシャル，1991：196-197）。これらの教養と習慣を身に着けるためにも，肉体労働で疲弊

しすぎないように労働時間を短縮し,「夕方には知的な,また芸術的な楽しみの時間」を労働者がもつことを彼は期待する(マーシャル, 1991：207)。

マーシャルは,経済成長につれて生活水準が上昇すると,人間の欲求も質的に進化すると考える。それは単純な生理的欲求にはじまり,多様性への欲求,差別化の欲求,そして最後に卓越性の欲求という段階をふむ。発見・科学・文学・芸術を生み出すのは卓越性への欲求である。この欲求により,経済的進歩は,単なる物質的な欲望の形成とその充足を基調とする進歩から,人間の新しい「活動」を基調とする進歩に変化する。

これを彼は,「安楽基準(standard of comfort)」と「生活基準(standard of life)」という言葉で説明する。前者は,粗野な欲求と欲求の単なる量的増加である。これに対して後者は,人間の「知性,活力,自尊心の増加」を伴い,質的な向上を伴う欲求の増加である。具体的には,「支出の際により一層の注意と判断力が増し,食欲のみを満たして体力強化には役立たないような飲食を回避し,肉体的・道徳的に不健康な生活スタイルを回避」するような消費である(マーシャル, 1985：④ 268-269)。

人間の道徳的成長と国民所得の成長の相互補完的関係を,マーシャルは次のように語る。

「全国民の生活基準の向上は国民所得を大幅に増やし,各等級と各職種における分配の分け前をも増加させるだろう。任意の職種または等級にとって,生活基準の上昇は彼らの生産性を高め,それゆえ彼らの実質賃金を上昇させる」(マーシャル, 1985：④ 268)。

先にみたような形で国民所得が増加する場合,それは生活基準すなわち消費の質の向上を伴うのである。これは消費の質,さらにより広くいえば労働と余暇のあり方まで含めたライフスタイルの転換を伴い,人びとの活力を刺激し労働生産性を引き上げる。そしてこれがまた国民所得の増大,賃金上昇をもたらすだろう。

彼はまた,世代間の階層移動による労働者の生活水準向上を考えている。不熟練労働者の子供は熟練労働者の賃金を獲得できるようになり,熟練労働者の

子どもはさらにそれよりも責任ある地位につけるようにする。技術工の上層，中産階級の上層には新入りのための空席がまだ残されているという(マーシャル，1985：311)。現世代の次世代への義務は，若い人びとのもつ高級な性格の発展を促し，生産性の高い労働者に育つ機会を提供することにある(マーシャル，1985：314)。マーシャルはこのようにして，世代を超えた超長期の展望として，賃金水準と人間精神の相伴う進歩とこれによる生産性の向上，ひいては経済の成長を展望するのである。

2 マクロ経済学の誕生とケインズ学派

(1) 国民経済計算体系とマクロ経済学

　重商主義，さらにはその批判者としてあらわれた古典学派以来，多くの経済学者にとっての課題は国民経済——つまりは一国経済の動向を把握し，適切な政策を探るものであった。現代ではマクロ経済学とよばれるこれらの研究を進めるためには大きな障害があった。

　科学史家のポパー(Popper, S. K. R., 1902-1994)は，近代科学に必要とされる条件として反証可能性(Falsifiability)をあげている。どのような証拠によって命題を否定しうるのか。その否定が不可能であるような命題は科学的主張とはいえない。つまりは，データによって検証できない仮説は科学的な主張とはいえないというわけだ。マクロの経済現象に関する経済学が社会「科学」とよぶことが出来るようになるためには，マクロ経済をデータによって記述し，表現することが必要不可欠である。

　20世紀初頭まで，マクロの経済理論が大きな発展を遂げなかったのは，「マクロ経済学」「一国経済の動向」とは何か——それをデータとして示すための準備が整っていなかったことが大きな理由と考えられる。

　この状況に大きな転機を与えたのが1920年代から30年代にかけて整備が進み，後のマクロ経済統計の中心となった国民経済計算(SNA: System of National Accounts)の開発である。第2次世界大戦後の1953年には53年版国民経済計

算（53SNA）が国際連合において合意され，その後 63SNA，93SNA を経て，現在は 2008 年作成の 08SNA に至るマクロ経済計算の国際基準が作成された。[4]

SNA の最重要統計が国民所得勘定——通称 GDP 統計である。ある年の一国経済の活動水準を「当該年に，その国の国土において，新に産み出された付加価値の総額[5]」ととらえるのが GDP（国内総生産，Gross Domestic Products）の基本である。

GDP という「マクロの経済状況」の目安となる統計量が整備されたことと，後述のケインズ理論がほぼ同じ時期（1930 年代～40 年代）に登場したことで，その後，マクロ経済学は経済学における大きな研究分野を形成することとなった。

GDP への計上は，原則的には市場取引されたものに限定される。[6]市場取引において生じる付加価値とは，販売価格から原材料を差し引いたいわば粗利である。粗利は経営者の利益，労働者の報酬，地主や資金提供者への支払いなどに分配されることから，誰かの所得となることがわかる。より正確には，生産された GDP から，耐久財の価値の減少（資本減耗）を除き，補助金・間接税を加減した国民所得は雇用者報酬と営業余剰に分類される。

ここから，GDP は，① どれだけ付加価値が作られたかという生産，② 何の用途のために市場で購入されたかという支出，③ 産み出された付加価値が誰のものになったかという分配の 3 つの方法によって算出することが出来ることがわかる。これを GDP 統計の三面等価定理とよぶ。

ここで，生産側からはかった GDP を Y としよう。なお，生産された付加価値はだれかの所得になるため，Y は所得でもある点に注意する必要がある。次に，支出（誰が何のために購入したか）は，消費（C），投資（I），政府支出（G），海外からの購入（輸出，EX）に大別される。なんらかの用途で購入されて初めて付加価値として計上されるため，生産・支出どちらではかっても GDP の額は同じになることから，輸入品の購入を考慮すると，

$$Y + IM \equiv C + I + G + EX$$
$$\rightarrow Y \equiv C + I + G + EX - IM \quad (1)$$

のように整理される。ここで等号が恒等関係をあらわす「≡」となっているの

は，上記の関係が国民経済計算のルールとして成立しているためである。

(2) セーの法則から有効需要の原理へ

　経済学の課題は現実のGDPがどのように決まるかを考えることである。そのためには国民経済計算のルールとしてではなく，どのようにしてGDPが決定されるかを考えねばならない。ここで注目するのが(1)式における因果関係の方向である。

　18世紀フランスの古典派経済学者であるセー(Say, J. B., 1767-1832)は，著書『政治経済学概論』のなかで生産力こそが購買力(所得)を決定すると説明した。この考え方を継承すると，(1)式では，Yがその内訳(C, I, Gなど)を決定するということになる。このように供給が需要を決定するという考え方は，今日セーの法則とよばれる。

　セーの法則においては，価格調整を通じて国内の資本・労働力・技術が十分に活用されることで，これらの基礎条件から産出量Yが決定されると考える。つまりは，現実の生産量が生産設備・人口・技術などから決まる生産能力と一致するように価格が変化するというわけだ。たとえば，非常に大きな生産能力を有しているならば，それに見合うだけ価格が低下することで十分な需要が生み出されると考える。

　このような状況では，産出されたものをどのような用途で用いるかは，二次的な問題となるわけだ。古典派やマーシャル以来の新古典派経済学を継承して理論構築が行われる新古典派マクロ経済学において，セーの法則はモデル化の基礎となっている。

　しかし，誕生間もない新古典派マクロ経済学は1929年の世界大恐慌によって重大な挑戦をうけることになる。人口も設備も，そして技術にも大きな変化がないにもかかわらず，同時期の先進国の生産量は大幅に減少した。ここから，生産量・所得を決定するのは生産力だけではないことが明らかになる。

　このような状況を説明する理論を与えたのがケインズ(Keynes, J. M.)の『雇用・利子及び貨幣に関する一般理論』(以下『一般理論』)である。同書の初版

は1936年であるが、それ以前よりケインズは需要が供給を決定する——いわば(1)式における右辺から左辺への因果関係に注目した理論化を模索していた。現実の経済における需要の量(有効需要)が生産水準を決定するという有効需要の原理は、その後の経済政策運営に大きな影響を与えることになった。有効需要の原理からマクロ経済を把握しようとするのがケインズ学派の中心的な特徴である。

有効需要の原理に基づく経済理論をもっとも単純な形でモデル化したのが45度線モデルとよばれるマクロモデルである。45度線モデルは有効需要の原理と消費関数を組み合わせて構築される。ここでは輸出入を省略したモデルで説明しよう。有効需要の原理に従い、生産Yは消費C、投資I、政府支出Gの合計であるとする。

$$Y = C + I + G \qquad (2)$$

ここでは会計上のルールではなく、生産量の決定理論をあらわすため、通常の等号で表記される点に注意されたい。次に、同時点の生産・所得が消費を決定するケインズ型消費関数を仮定する。ケインズ型消費関数は、

$$C = c_0 + cY \qquad (3)$$

のように、表現される。なおc_0は基礎消費、cは限界消費性向とよばれる0以上1未満の値である。(3)式を(2)式に代入することで、

$$Y = c_0 + cY + I + G$$

$$\rightarrow Y = \frac{c_0 + I + G}{1 - c} \qquad (4)$$

となる。このとき、Gが1増加するとYは$1/1-c$増加する。$0<c<1$より、これはもともとの政府支出の増加よりも大きい。有効需要の増加が生産・所得を増加させ、生産・所得の増加が消費需要を増加させることで、さらなる生産・所得の増加を生むメカニズムを乗数効果とよぶ。

需要の増大が産出量を増大させ、付加価値の産出量＝所得の上昇が需要を増大させることでさらなる算出の増加に結びつくというアイデアは、1931年にケインズと親交の深いカーン(Kahn, R., 1905-1989)によって提示された。ケイ

図7-1

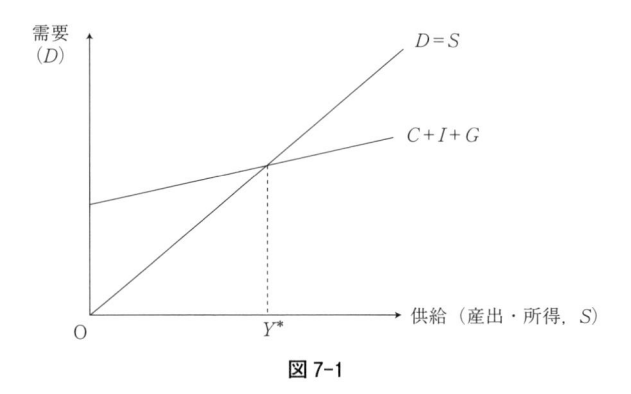

図 7-1

　ンズは，その乗数効果を『一般理論』において，政策効果の格として吸収したのだ。

　ここまでの議論を図で説明しよう（図7-1）。有効需要の原理から，実際の生産・所得水準においては，生産・所得(Y)と需要($C+I+G$)は等しくなる。横軸に生産・所得，縦軸に有効需要水準をとると，縦軸と横軸が等しいという関係は右上がり45度の直線であらわされる。

　一方，ケインズ型消費関数から考えると，所得・生産に応じて決定される需要水準は「$c_0+cY+I+G$」となる。ここから，有効需要の原理とケインズ型消費関数をともに満たす所得・生産水準は図中の Y^* のように定まる。

　供給能力に余裕がある場合——たとえば不況期に典型的にみられるように，生産設備や労働力があまり生産設備の遊休や失業が生じている場合には，実際の生産・所得水準は需要によって決定されるだろう。このような想定の下に考案される需要主導のマクロ経済モデルが妥当ならば，需要が変動すれば実際の生産量も変動することになる。つまりは財政政策のような政府による総需要管理政策は実際の生産・所得水準を変動させることが出来ると考えられるのだ。

　有効需要の原理の発見により，政府が行うマクロ経済政策（財政政策，金融政策）の根拠が示された。

③ IS-LM モデルと新古典派総合

(1) 財市場と貨幣市場の統合

　ケインズが『一般理論』のなかで提示したマクロ経済学の新しい理論は，有効需要の原理とそれに基づく乗数効果だけには限られない。貨幣需要に関する流動性選好仮説とそれに基づく流動性の罠の議論は，世界大恐慌下の経済政策に大きな影響を与えた。しかしながら，『一般理論』の記述は複雑であり，応用的な政策課題に援用が困難であった。

　この状況に大きな変化をもたらし，ケインズ死後のケインズ学派の基本モデルを提示したのがヒックス(Hicks, J. R., 1904-1989)の1937年の論文である「ケインズ氏と『古典派』たち：解釈の一示唆(Mr. Keynes and the "Classics"; A Suggested Interpretation)」である。ヒックスによるモデルは現在では *IS-LM* モデルとよばれている。ちなみに，ケインズ自身は今日では新古典派マクロ経済学とよばれている学派を古典派と表現している。一般的な経済学史と用語法が異なることに注意されたい。

　IS-LM モデルは，財市場均衡をあらわす *IS* 曲線と貨幣市場をあらわす *LM* 曲線からなる，複数市場の同時均衡モデルである

IS 曲線

　45度線モデルにおいては，所得が消費需要を決定するメカニズムによって乗数効果が発生する。その一方で，その他の需要項目である投資・政府支出・外需要因は外生——モデルの外で決定してしまう変数として取り扱われていた。政府の政策姿勢によってある意味外生的に決定される政府支出とは異なり，投資の自律的変動は景気循環を考えるうえで高い重要性をもっている。

　投資，投資需要は，どのように決定されるのかという問題に対して，ケインズは投資の限界効率と利子率の関係に注目した。企業が投資を行うに際して，外部資金調達に頼るならば借入時の金利を上回る収益をあげない投資は利潤を減少させる。内部資金による場合であっても，リスクを捨象すると，利子率と

図7-2

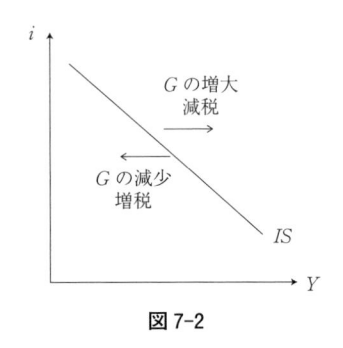

等しくなる金融資産投資の収益によって設備などへの投資(実物投資)以上の利回りが予想されるならその実物投資プロジェクトは実施されないだろう。

ここから、企業の投資行動は追加的な投資の収益率である投資の限界効率と利子率を比較して行われることがわかる。利子率が低いときには、多くの投資プロジェクトの限界効率が利子率を上回る。より多くの投資プロジェクトが「ペイする」のだから、経済全体での投資量は多くなるだろう。ここから、投資は利子率の減少関数であると結論される。利子率と投資、投資需要から産出量・所得という関係をまとめたものが IS 曲線(図7-2)である。

IS 曲線は利子率が低下すると、投資需要が増加し、有効需要の原理に従って産出量・所得(図7-2の Y)が増加する様をあらわしている(消費需要も利子率の減少関数としているモデルもある)。

一方で、基礎消費や政府支出といった需要項目の変化は IS 曲線のシフトとして表現される。たとえば、利子率の変化がまったくなかったとしても、政府支出が増加したならば産出量は「政府支出乗数×政府支出増加分」だけ増加する。これは、IS 曲線の右への平行移動(乗数× ΔG)としてあらわされる。

LM 曲線

景気動向にとって大きな役割を果たす投資は利子率によって大きな影響をうける。では、その利子率はどのように決定されるのだろう。利子率の決定を考

えるためには財市場だけではなく，貨幣市場について考える必要がある。

経済学では，① 決済機能(取引における支払い手段となる)，② 価値保蔵機能(資産として保存できる)，③ 価値尺度機能(価格表示の単位となる)の3つを満たすものを貨幣とよんでいる。この定義に従うと，貨幣とは現金と預金の合計であると考えられる。標準的な IS-LM モデルでは，中央銀行は現預金の合計額であるマネーサプライ(現代の経済統計用語ではマネーストック)をコントロールすることで金融政策を行うとしている。貨幣供給は金融政策によって決定されるため，IS-LM モデルにおいては外生変数である。

次に，貨幣の需要について考えよう。ケインズ経済学以前の古典派・新古典派経済学においては，貨幣需要は取引動機・予備的動機による需要が主要因であると考えられてきた。貨幣(現預金)は債券に比べ収益率が低い。現金には金利はつかないし，預金金利も債券の利回りよりは低いためだ。それでもなお人びとが貨幣を保有しようとするのは，なぜだろう。それは，支払いのためには貨幣が必要(取引需要)であり，もしもの時のための準備として貨幣を手元に置く(予備的需要)こともあるからだと考えられる。

産出量が大きいということは，多くの取引が行われたということだ。したがって取引需要は産出量の増加関数となるであろう。予備的動機も同様に産出量(所得)が大きいほど多いと考えられる。

一方で，利子率と貨幣需要の関係はどうなるだろう。ここに新たな知見をもたらしたのが『一般理論』で提唱された流動性選好説である。流動性選好説は投機家の意思決定と密接に関連している。純粋な理論経済学者からは出てこなかったであろう，投資家ケインズならではの発想である。

債券の価格と利回りは表裏一体の関係にある。一定額の配当を永久に続ける債券(コンソル債)を考えよう。年ごとの配当が D 円，現在の価格が P 円であるとすると，この債券の利回り $i=D/P$ 円である。これは配当 D 円，利回り i の債券の価格 $P=D/i$ 円であるといい換えても良い。

金利 i が平均的な水準に比べて高いとき，債券価格は安い。債券価格が低いということは，今債券は「買い時」であるということになる。人びとは，貨幣

を手放して債券を購入しようとするため,貨幣需要は小さくなるだろう。一方,金利が非常に低いならば債券価格は高い。金利のこれ以上の低下は生じない,または今後の上昇が確実視されているならば今は債券を買うべきではない(または手放すべきである)。債券を売って貨幣を入手しようとする人が多いならば,貨幣需要は大きくなる。これをまとめると,貨幣需要は利子率の減少関数であるということがわかるだろう。

貨幣供給(マネーサプライ)は政策的に決定される外生変数であり,貨幣需要は産出・所得の増加関数であると同時に,利子率の減少関数である。この関係をまとめると,貨幣市場の均衡は,

$$M = L(Y, i) \quad \cdots (5)$$
$$+-$$

となる。一定のマネーサプライのもとで,Yが増大すると貨幣需要は大きくなり,(5)の等式は成立しない。等式成立のためにはiが上昇することで貨幣の投機的需要が減少する必要がある。したがって,一定のMの下で(5)式が統合で成立するためには,Yが上昇した時にはiもまた上昇している必要があるということになる。ここから導かれるのが,右上がりのLM曲線である(図7-3)。マネーサプライが変化するとLM曲線のシフトが生じる。Mの増加は(5)式左辺を増大させる。等号を維持するためには,仮に利子率が一定であれば,Yの増大によって取引需要が増えるか,iの低下によって投機的需要が増大する必要がある。ここから,マネーを増大させる金融緩和に対してLM曲線は右シ

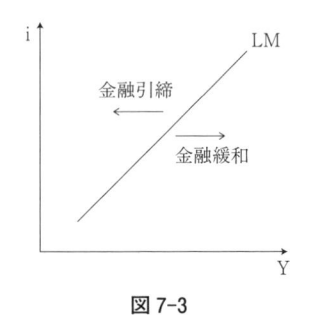

図7-3

フトし，マネーを減少させる金融引き締めによって LM 曲線は左シフトすることになる。

(2) IS-LM モデルにおける政策評価

IS-LM モデルは右下がりの IS 曲線と右上がりの LM 曲線によって構成される。財政政策によって IS 曲線はシフトし，金融政策によって LM 曲線はシフトする。ここから，財政政策・金融政策がマクロの経済に与える影響を整理できるということになる。

1) 経済政策の効果

財政政策の拡大（財政支出の増加や減税）は IS 曲線をシフトさせることで，利子率と GDP をともに増大させることになる。このときの IS 曲線のシフトの大きさは乗数の大きさに依存する。より乗数が大きいほど，IS 曲線のシフト幅は大きく，GDP の上昇幅は大きくなるだろう（図7-4a）。

金融緩和（マネーサプライの増大）は LM 曲線を右にシフトさせることで，利子率の低下による投資の増加，それによる産出・所得の増大を招く。ここでは，利子率の低下がどれだけの投資増大を招くかという投資の利子感応度（または投資の利子率弾力性）の大小が重要な問題となる。投資が利子率に対して感応的な場合，IS 曲線の傾斜は緩やかになり，金融緩和の有効性は高くなる。

拡張的な財政政策が利子率を上昇させる点にも注意が必要である。財政支出によって産出・所得が上昇すると貨幣の取引需要が増大するため，利子率が上昇する。この利子率上昇は投資を抑制することになる。その結果，45度線モデルから導かれる財政政策の効果（$Y_x - Y_0$）に比べ，貨幣市場を考慮した財政政策の効果は一部減殺されることになる。これをクラウディング・アウト効果とよぶ。クラウディング・アウトの大きさは LM 曲線の傾斜に依存する。ここから LM 曲線の形状について，ケインズ派，新古典派の間で論争が引き起こされた。

図 7-4

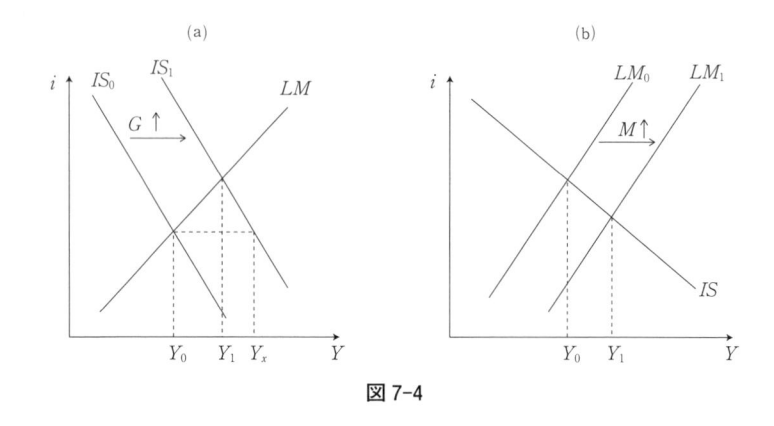

2) 流動性の罠

『一般理論』は，1929年からの世界大恐慌への処方箋を強く意識した著作である。そのため，ケインズ以降のケインズ派も不況・恐慌下の経済状況を念頭に IS-LM モデルにおける IS 曲線，LM 曲線の形状を考える傾向がある。

長期の不況下では，利子率は非常に低くなっていると考えられる。これは他の投資対象がないために債券が活発に購入され，債券価格が非常に低くなってしまう（そのため債権利回りである利子率が非常に低くなる）という状況である。

ケインズは，「ジョンブル（イギリス人）は大抵のことは我慢するが2%の利子率には我慢できない」という話を引いていることから，経験的に2%程度の利回りが利子率の下限であると考えていたようだ。その一方で，現在ではより低い水準に利子率の下限がある。文字通り金利がゼロ以下にはならないことから，現在では「（名目）利子率のゼロ制約」を「流動性の罠」とほぼ同じ意味で用いる論考も少なくない。

これ以上利子率が下がりようがないという時，債券価格もまたこれ以上上がらないということになる。今後値下がりするしかない。値下がりする金融商品をさらに購入したいと思うものは少ないだろう。この時，中央銀行が市場にマネーを供給してもこれ以上の債券購入による利子率の低下は生じない。このような時に，LM 曲線は水平となる。

図 7-5

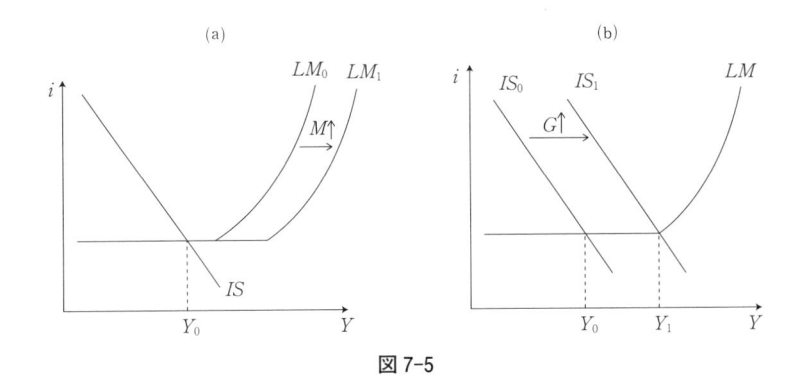

　LM曲線が水平となっており，これ以上の利子率の引き下げが不可能であるとき，金融政策の有効性は失われる。利子率低下による投資の喚起が金融政策の波及経路であることからこれは明かだろう(図7-5a)。

　一方で，財政政策の効果は大きくなる。利子率上昇によるクラウディング・アウトが働かない状況では，財政支出の拡大はその乗数倍の産出・所得の増大をもたらすからだ(図7-5b)。

　流動性の罠を用いた議論は，いつも大きな論争になる。ある国の経済環境が，流動性の罠に陥っているのか否か，そもそも貨幣の投機的需要は存在するのか，流動性の罠の元での金融政策無効という命題は正しいのか——70年代以降に活発となるマクロ経済論争において，これらの論点は幾度となく論争の的となっており，現代の経済論争においてもそれは継続されている。

(3) IS-LMモデルへの批判

　IS-LMモデルは，ごく少数の方程式から経済の現状と政策の方針を導くという点できわめて便利なツールである。そのため1950年代から70年代にかけて，IS-LMモデルはアカデミックなマクロ経済学のなかで中心的な地位を占めた。さらに，マンデル(Mundell, R. A., 1932-)とフレミング(Fleming, J. M., 1911-1976)によって為替レート・貿易を含めた開放経済モデルが考案されたことで，

一国経済に限定されないマクロ経済学の基礎モデルとなる。さらに、実務的な有用性から各国の政策当局は IS-LM モデルを理論的基礎とする大型マクロ軽量モデルを構築し、経済政策の指針としてきた。

しかし、このような IS-LM モデルに対する批判も多い。第1の批判は、IS-LM モデルはケインズの主張を過度に単純化しており、またごく一部の主張を誇張しすぎているというものだ。そのため、IS-LM モデルを中心にするマクロ経済学をケインズ経済学・ケインズ派というよりも、(IS-LM の考案者である)ヒックス経済学・ヒックス派とよぶべきであるとも揶揄される。ケインズの諸著作に描かれる多岐にわたる主張に忠実にケインズの経済理論を構築していこうというグループは、現在はポスト・ケインジアンとよばれる。

その一方で、IS-LM そのものへの批判もある。なかでも、ミルトン・フリードマン (Friedman, Milton, 1912-2006) は、その後のフィリップス曲線を巡る論争において、新古典派マクロ経済学の復権を通じてマネタリストとよばれる学派の形成に主導的な役割を果たした。

フリードマンら新古典派の IS-LM モデルへの批判は、LM 曲線の形状に向けられる。第1の論点は、貨幣需要の投機的動機の是非だ。貨幣の投機的需要は、人びとが利子率に関して、「利子率(債券価格)には正常な水準があり、正常水準よりも高い利子率水準(低い債券価格)は将来的には解消され、利子率は低下していく(債券価格は上昇する)」といった予想をもっていることに由来する。しかしながら、多くの人が将来時点で債券価格が上昇すると考えているならば、だれもが現時点で債券を購入することになるので、債券価格は今上がってしまうだろう。このように考えると、投機的動機の存在は確実なものではないということになる。

投機的動機を除いた貨幣需要は、取引動機・予備的動機にわけられるが、これらはともに所得の増加関数であり、利子率には依存しない。このとき LM 曲線は垂直な曲線となる(図7-6a)。LM 曲線が垂直である場合、財政政策は利子率を変化させるのみで産出・所得にはまったく影響を与えないということになる。100%クラウディング・アウトの発生である。

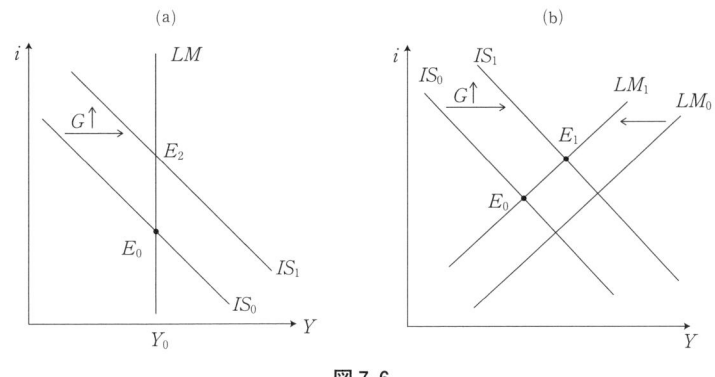

第7章　ケインズおよびその後の経済思想　179

図 7-6

投機的動機の存在への疑問は，予想・期待の果たす役割の重視がキーになっている。これは，次節で取り上げる合理的期待形成につながる視点である。そして，図7-6aにおいて，財政政策が無効であること，マネーの拡大（による垂直な LM 曲線のシフト）のみが産出・所得を変化させるという視点もまたフリードマンらをマネタリストとよぶひとつの理由となっているといえよう。

一方で，投機的動機の存在を認めたとしても，取引動機・予備的動機の重視は，IS-LM モデルにおける財政政策の有効性に疑問を投げかける要因となる。公債発行を財源に財政支出が行われたとき，民間の経済主体はこれまでに比べてより多くの資産をもつことになるだろう。1種類の資産のみを保有することは非常に大きなリスクがある（全財産を特定の企業の株のみで保有する状況を想像されたい）。そこで，人びとがより多くの公債をもつ時には，同時に今まで以上の現預金——つまりはマネーを保有するということになるだろう。

仮に所得や利子率が一定であったとしても，いままでよりも多くの貨幣需要があるという状況は相対的な金融引締と同義である。そのため，公債を財源にした財政の拡大は，IS 曲線の右シフトと同時に，LM 曲線の左シフトをもたらすことになる。このとき，財政出動が産出・所得を増加させるか否かは IS 曲線，LM 曲線の形状に依存した不確実なものになる。そして，図中の E_0 から E_1 の変化のように財政出動が産出・所得の増加をもたらすとしてもそれは，

標準的な *IS-LM* モデルが当初予想したものよりも小さくなることだろう。

　貨幣需要について，新古典派的な想定を用いると，標準的な *IS-LM* モデルにおける財政政策の効果は過大評価されているのではないかという疑問がもたれる。フリードマンらの批判は *LM* 曲線だけではなく，*IS* 曲線，45度線モデルに対しても向けられる。

　IS 曲線がシフトする原因は乗数効果にあり，乗数効果を産み出すのはケインズ型消費関数である。ケインズ型消費関数は，ある年の所得がある年の消費を決定するとする。しかし，これはそれほど自明なことではない。

　仮に，35歳で年収1,000万円の銀行員とプロ野球選手がいたとしよう。銀行員は今後の昇給が期待できるため，消費は多い。一方で，プロ野球選手は今後所得の激減が予想されるため，それに備えた貯蓄をより多く行うだろう。

　フリードマンの恒常所得仮説は，消費は生涯を通じた平均的な所得——恒常所得から決定されると考えた。一時的な財政出動によって，その年の所得があがったとしても，来年以降の所得が変わらないならば，恒常所得は変化しない。すると，その消費刺激効果は小さいということになる。財政政策の効果の大本である乗数効果が生じないのだ。さらに，一時的な財政拡大が後の公債償還のための増税に結びつくことが明らかであれば，財政政策の効果はさらに弱いものとなるだろう。

　このような消費を個人・家計のライフサイクルの側面からとらえたモデルとしては，恒常所得仮説の他にモディリアーニ(Modigliani, F., 1918-2003)による消費のライフサイクル仮説などがある。

　これらの *IS-LM* モデルの批判を受け，マクロ経済学における主流モデルには数々の修正が加えられていくこととなる。さらに，その傾向に決定的影響を与えたのがフィリップス曲線を巡る論争だ。

4 マクロ経済論争と現代の経済学

(1) 古典派の2つの公準とフィリップス曲線

　IS-LM モデルは財市場と貨幣市場，そして債券市場に関する同時均衡モデルである。モデルとしては，これら三市場から均衡産出量・所得が決定され，それだけの産出を行うのに必要な雇用が生まれると考える。その意味で，雇用に関しても需要主導の決定を想定している。財政・金融政策は *IS-LM* モデルにおける均衡産出・所得が目標とする雇用(たとえば完全雇用など)を満たす水準になるように財政政策・金融政策を用いるということになろう。

　その一方で，『一般理論』では，労働市場についてケインズと新古典派(ケインズ自身の用語法では「古典派」)の違いが明確に示されている。新古典派の分析は労働市場において以下の2つの公準が成立しているとする。

古典派の第1公準：実質賃金は労働の限界生産物に等しい
古典派の第2公準：実質賃金は労働の限界負効用に等しい

　労働者を雇い入れる企業にとって，労働の限界生産物とはその労働者を雇用したことによって得られる便益であり，実質賃金はそのためのコストである。この両者を一致させる雇用量と実質賃金の関係が労働需要関数である。

　一方，働く側にとって，実質賃金は働くことによって得られる便益であり，労働の限界負効用とは働くことのコストである。両者が一致する雇用量をあらわすものが労働供給曲線である。

　通常の需要・供給曲線による分析において，労働需要曲線(L_D)と労働供給曲線(L_S)の交点では実質賃金・労働の限界生産物・労働の限界負効用の三者が等しくなっている(図7-7)。その意味で，古典派の2つの公準を満たす経済状態とは労働市場における需給が均衡している状態をあらわしているといって良いだろう。この時，労働供給側に着目すると，労働の限界負効用と実質賃金が一致していることから，その時点での実質賃金(W^*/P)で働きたいと思う者は

図 7-7

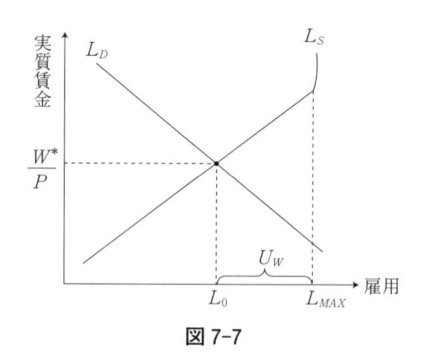

雇用され，そのような低い賃金では働きたくないと考えている者のみが働かないという状況であることがわかる。この時，働いていない人口（U_w）は自発的な失業者とよばれる。

ケインズは古典派の第1公準は成立するものの，第2公準が成立していることは稀である——つまりは第2公準が未成立である方が「一般」のケースでの「理論」であるとした。両者が一致しない理由として代表的なものが名目賃金の下方硬直性の存在である[7]。労働組合の抵抗や法的規制，契約期間の問題などから名目賃金はそう簡単には動かない。なかでも名目賃金の（市場を均衡させるに十分なだけの）切り下げは現実問題として困難であろう。

実質賃金は賃金の額面である名目賃金を財・貨幣市場から決定される物価で割ったものである。物価は労働市場からは決まらない。一方で，名目賃金が下がりにくい（下方硬直的）場合には何がおきるだろう。物価水準の継続的な低下——デフレが生じたとき，それに応じた名目賃金の低下が生じないならば，実質賃金（W/P）は上昇する。すると，高い実質賃金によって，企業は雇用量を抑制しようとするだろう。一方，高い実質賃金は就業希望者数を増大させる。均衡状態に比して，需要は少なく，供給は大きくなるのだ。ここにおいて，現時点での実質賃金で働くことを希望するが，労働需要が少ないために職を得られないという非自発的失業が発生する。

図 7-8a は，賃金に下方硬直性がある場合の労働市場を表現している。実質

賃金水準が W_0/P_0 にあるとき，雇用量は労働需要から決定される L_0 となる。実質賃金 (W_0/P_0) と労働の限界生産性が等しくなるように雇用量が決まっているため，ここでも古典派の第1公準は満たされている。

その一方で，労働供給——働くことを望む人の数は L_X となる。この L_X と L_0 の差である U_U が非自発的失業である。実際の雇用水準 L_0 での労働の限界負効用は A の水準であるため，古典派の第2公準は成立していない。なお，この状況においても W_0/P_0 では就業の意思のない自発的失業 U_W は存在していることに注意されたい。

名目賃金が硬直的な状況において，非自発的失業は物価 P の動向から大き

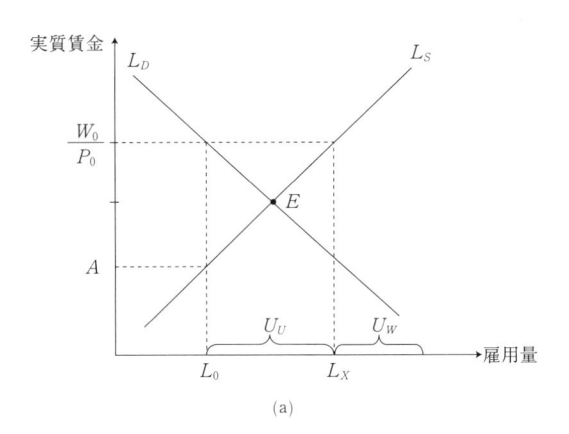

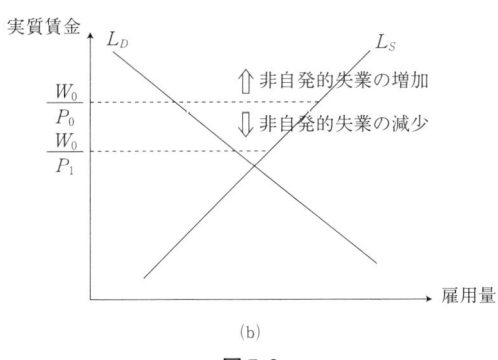

図 7-8

図 7-9a

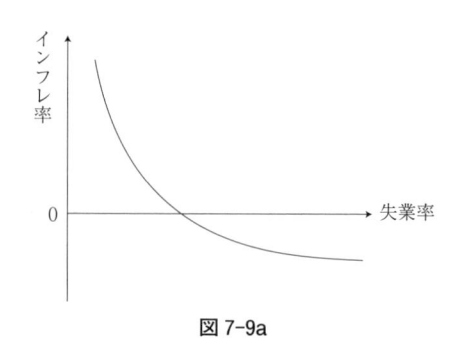

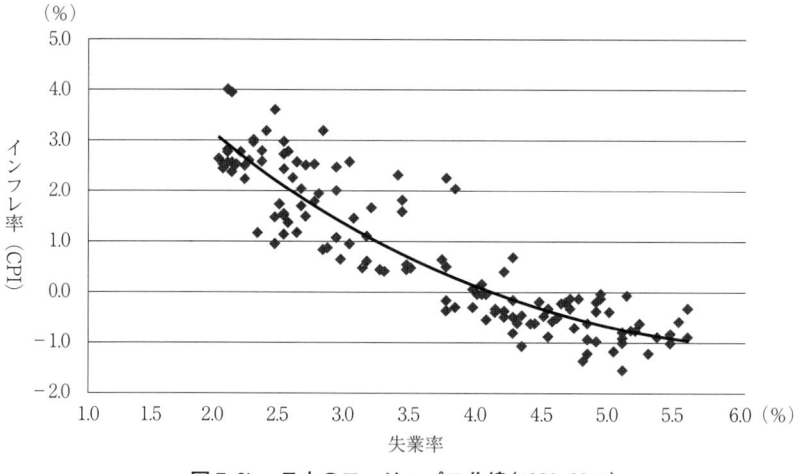

図 7-9b　日本のフィリップス曲線(1980-2014)

く影響されることになる。図 7-8b において，物価水準が P_0 から P_1 に上昇すると，実質賃金は低下する。実質賃金の低下は労働需要の増加と労働供給の減少によって非自発的失業を減少させるだろう。物価上昇――インフレーションが失業を減少させるのである。同様に物価水準が低下したならば非自発的失業は増加する。

　以上のようなインフレーション・デフレーションと失業の関係に実証的な根拠を与えたのがフィリップス(Phillips, A. W. H., 1914-1975)が 1958 年に発表した

フィリップス曲線である。オリジナルの論文は1861年から1957年のイギリスにおいて，名目賃金の上昇率と失業率に逆相関関係が存在することを指摘するものであった。しかし，製造コストの多くを占める名目賃金の上昇率と物価上昇率の相関関係が高いことから，縦軸にインフレ率，横軸に失業率をとった物価版フィリップス曲線として注目を集めることとなる。なお，今日では物価版フィリップス曲線を単にフィリップス曲線とよぶことも多い。

フィリップス曲線は，図7-9aのように，高いインフレ率において失業率は低く，低インフレ，またはデフレ期において失業率は高いという失業とインフレのトレードオフ関係をあらわしている。日本においてもこの関係は図7-9bのように明確に成立している。

(2) フィリップス曲線論争とマネタリスト

失業率とインフレ率は経済政策における二大関心事といってもよい。この両者の間にトレードオフが存在することを示したフィリップス曲線は，1960年代から今日に至るまで大きな関心を寄せられ，多くの論争を引き起こしてきた。

なかでも第1に焦点となったのが，フィリップス曲線を導く論理についての論争である。ケインジアンの解釈に従うと，フィリップス曲線の関係を用いて望ましいインフレ率と失業率を選択しながら政策運営ができるということになるだろう。しかし，1960年代後半から1970年代になるとインフレ率と失業率の同時上昇（スタグフレーション）が発生すると，フィリップス曲線の従来の解釈に疑問がもたれるようになる。

フリードマンは，フィリップス曲線は人びとの錯覚によって成立する不安定な関係であり，これを政策的に利用することはできないと主張する。これがフリードマンの貨幣錯覚説である。

フリードマンは，労働市場は図7-10aにおけるE点のような均衡状態にあると考えた。このような状況でインフレが発生したとき，企業はそれにすぐにきづくが，労働者はそれに気づくのが遅れると考えた。

インフレが発生した場合に，名目賃金（W）が一定であれば実質賃金（W/P）

図 7-10a

図 7-10b

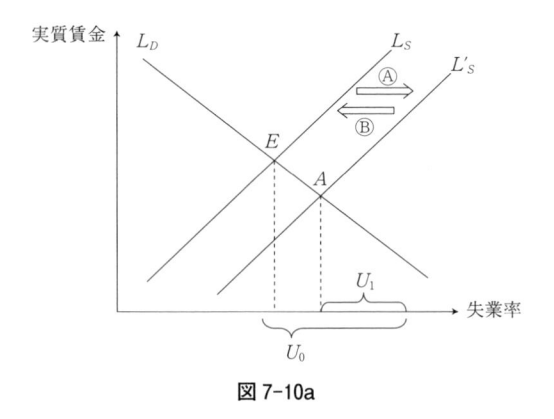

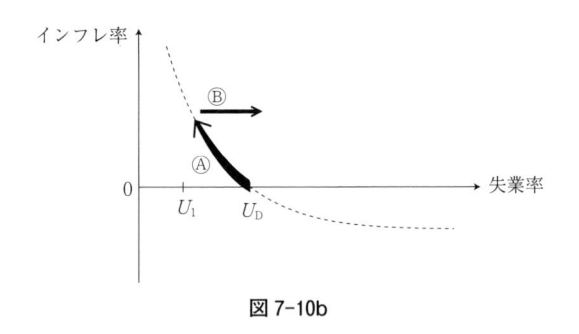

は低下するということになる．一方で，インフレの発生に気づいていない労働者はこれまでよりも低い実質賃金であっても，名目賃金が同じであれば，これまでと同じだけの労働供給を行うということになるだろう．これは，労働供給曲線の右シフトの発生（図7-10a中のⒶ）として表現することができる．これに伴って，実質賃金の低下と自発的失業の低下が同時に発生することになる．

　このような誤解・認知の遅れによっても，インフレが生じるときに失業率は低いという結果が得られる．デフレが発生した場合も同様に労働者の貨幣錯覚が自発的失業を増加させる．ケインズ派がインフレの発生によって非自発的失業が減少し，その結果，統計上の失業率も低下していると考えたのに対し，フリードマンの貨幣錯覚説では自発的失業の減少が統計上の失業率の低下をもた

らしていると主張される。

　貨幣錯覚説に基づくフィリップス曲線は一時的な関係である。労働者は時がたつにつれ「賃金額が高いのはインフレが起きたからで，実質的には以前と変わらない」ことに気づくだろう。すると「賃金があがった」と勘違いして職についていた人は再び自発的に離職することになる。その結果労働供給曲線は元の位置に戻る（図7-10aのB）のである。

　貨幣錯覚が発生した後，それが錯覚だった事に気づくまでの間，インフレ率に変化がなくても失業率の上昇が発生する。これをフィリップス曲線を用いて表現すると，図10bのようになるだろう。図中のAの動きだけに注目すると点線で示したようなフィリップス曲線が存在するように感じられてしまう。実際，70年代から80年代にかけてのアメリカではフィリップス曲線は，図7-9abのような安定した形状ではなくなっていた。

　錯覚とそこからの回復がフリードマンのスタグフレーション解釈である。ここから，フリードマンの自然失業率仮説が導かれる。長期のフィリップス曲線はそのときの労働市場における自発的失業水準，図7-10bのU_0の水準で垂直となる。

　金融緩和などのインフレ政策で失業率を下げても，しばらくすると失業率は元に戻る。一方，上がった物価水準は元には戻らない。そして，失業率が下がったといっても，これは「本当は働きたくない人を勘違いで労働参加させることで低下した」ものであるため，たとえGDPは上昇したとしてもそれを上回る損失，働きたくないのに働いたという損失が発生してしまうことになるだろう。失業率低下の効果もいずれ消えてしまううえに，その失業率低下自体も望ましいものではない。すると，フリードマンの貨幣錯覚説からは，インフレ政策による失業抑制は行うべきではない政策ということになるだろう。

　しかしながら，フリードマンは金融政策そのものを否定していたわけではない。シュウォーツ（Schwartz, A. J., 1915-2012）との共著『合衆国貨幣史1867-1960』を著し，大恐慌の原因とその回復が米国の中央銀行であるFRB（Federal Reserve Bank）の金融政策によって大きな影響を受けていたことを指摘したこ

となどから，むしろ金融政策の重要性を強く認識していたといえる。フリードマンが問題視するのは裁量的な金融政策である。景気動向をみながら不況期に金融緩和，好況期に金融引き締めを行うといった場当たり的な政策ではなく，金融政策はルールに基づいて行われるべきだと主張している。マネーサプライの伸びを一定のパーセンテージに固定することを目指して金融政策を行うべきだという「k％ルール」の提案は，80年代のFRBの政策運営に大きな影響を与えると共に，現在の金融政策におけるインフレーション・ターゲット，名目GDPターゲットといったルールに基づく金融政策という視点の嚆矢となった。

このように，フリードマンは新古典派的な貨幣需要をもって右上がりのLM曲線を批判し，さらにはインフレと失業という貨幣的な問題に注目して，金融政策のルール化を提言した。ここから，フリードマンを中心とする研究グループはマネタリストとよばれる。

マネタリストの貨幣錯覚説においては，「インフレ率の変化を認識するのに時間がかかる労働者」が想定されている。しかし，これは本当に現実的な仮定であろうか。ひとびとは自身が入手できる限りの情報を集め，自身がより優位な経済活動を行おうとするだろう。このように考えると，すべてのインフレについて，労働者だけがそれに気づかずに貨幣錯覚を起こすという想定は現実的なものとはいえない。

経済主体が入手可能な情報を吟味して合理的に行動しているという考え方は合理的期待形成，または合理的予想形成仮説とよばれる。合理的期待仮説にしたがうならば，貨幣錯覚による(自発的)失業が発生するのは労働者にとって事前に予想できない，サプライズにあたるインフレのみであるということになるだろう。ルーカス(Lucas, R. E. Jr., 1937-)は合理的期待の考え方を用いて，失業対策として政府がインフレ政策をとるということが十分に知られていれば，貨幣錯覚による失業減少は発生せず，フィリップス曲線は長期のみならず短期的にも垂直になると主張した。

一時的にインフレ率と失業率にトレードオフ関係があるようにみえるのは，政策的なものではない，偶発的な予想不可能なインフレに対して貨幣錯覚が生

じた者として理解できる。貨幣錯覚を一部認めることなどから，これらの議論はマネタリスト・マークIIとよばれることもある。

合理的期待仮説は，民間経済主体が経済構造を完全に理解しているならばマクロ経済政策の効果は無効になるという完全予見のケースが当初注目されたため，家計や企業が何でも知っていると仮定する非現実的な理論のようにうけとめられた。しかし，完全予見は合理的期待形成の一特殊ケースに過ぎない。合理的期待とは，経済主体は事前の情報から考え得る平均的な状況を想定して行動を行っており，その予想に歪み（いつも価格を高く見積もっていたり，低く予想していたりと行ったクセ）がないという仮定である。その意味で，予想や人間の意思決定の歪みによって生じる結論を排除するという点で中立的なモデル化方針であると考える経済学者は多くなっている。

合理的期待の仮定を用いる経済モデルは当初少なく，そのためルーカスやその追従者達は「合理的期待形成学派」と称されることも多かった。しかし，後に一部のケインズ派や計量経済学の分野，ミクロ経済学においても合理的期待の仮定が一般化したため，現在ではこの呼称は意味をなしていない。

マネタリストやマネタリスト・マークIIのフィリップス曲線解釈とケインズ派のフィリップス曲線解釈との違いは，錯覚の存在や期待形成にはない。その違いは労働市場において，需給均衡点——つまりは非自発的失業が存在しない状況が成立しているか否かにある。その意味で，ケインズが否定した古典派の第2公準の成立が問題の核心なのである。

(3) ニューケインジアンと新・新古典派総合

1980年代以降には合理的期待形成，または合理的予想形成を仮定したうえで，ケインズ的なモデル化を目指すニューケインジアン学派の研究が盛んになっている。その研究は，価格硬直性・賃金の硬直性が合理的期待を仮定しても導きうることを示す研究から始まった。

その一方で，1980年代に入ると，ケインズ派・新古典派問わず，マクロ経済学は大きな問題を抱えていることが指摘されるようになる。それが長期（経

済成長理論）と短期（景気循環理論）の分断の問題である．ここまで説明してきたマクロ経済学の各理論は，主に短期の経済問題への分析手法である．

　成長モデルとしては，1956年にソロー（Solow, R. M., 1924-）とスワン（Swan, T. W., 1918-1989）が独立に発表した新古典派的成長モデル，またはその後に発展を遂げた最適成長モデルなどが代表的である．1950年代から70年代はじめまでのマクロ経済学においては，長期の経済成長理論については新古典派的なモデル化を，短期の問題については IS-LM などを中心としたケインズ理論を用いるという棲み分けが行われていた．このような棲み分けによって成立した主流派経済学は新古典派総合とよばれた．ちなみに，ソロー自身は短期理論についてはケインズ派の代表的な経済学者であり，戦後の経済学史を考えるにあたっては特定の人物を特定の学派のみに所属すると考えることのむずかしさを示している．

　しかし，1年が十回過ぎると10年になるように，「長期」は「短期」がいくつも積み重なることでできている．その意味で，短期理論と長期理論が異なる論理で説明されているのは不自然であろう．そして，何年までが短期で何年以上が長期であるかを答えられる者はいない．

　キドランド（Kydland, F. E., 1943-）とプレスコット（Prescott, E. C., 1940-）は最適成長理論をベースにした実物的景気循環（Real Business Cycle，以下 RBC）モデルを発表した．RBC モデルでは，最適成長理論に労働市場を導入し，経済に何もショックがない場合に達成されるであろう仮想的状況を（長期の）定常状態，技術の変化などのショックが加わった状態と定常状態との乖離を景気循環ととらえることで，新古典派総合において分断されていた短期理論と長期理論の統合を行った．

　その後のマクロ経済学は，RBC に価格硬直性や資産効果を加えたニューケインジアンモデルなどが登場することで，2000年代に入ると新・新古典派総合とよばれる主流派が形成されている．新・新古典派総合のモデルは確率的動学的一般均衡モデル（Dynamic Stochastic General Equilibrium, DSGE）そのなかでは，どの程度新古典派的またはケインズ派的な設定でモデル化を行うのかにつ

いては，統計やシミュレーションによる説明力によって状況・注目すべき問題ごとに変化させるようになってきている。

再び学派の対立が極小化された平穏な状況が訪れたマクロ経済学界であるが，2008年のリーマン・ショック以降，再び大きな危機を迎えている。DSGEモデルがリーマン・ショックの予想やその後の回復のための政策立案にほとんど役に立たなかったのだ。

経済危機は，あらたな経済理論を生む。リーマン・ショック以降の世界的な不況とそこからの部分的な回復のなかで，新たな経済学説史の一頁が紡ぎ出されようとしているのかもしれない。

1）生涯と著作：ケインズ（Keynes, John Maynard）

20世紀最大の経済学者は誰かと問われて，ケインズ以外の名前をあげる人は少ないだろう。その学術的な貢献のみならず，実務家としての活躍や，華やかな私生活など——17世紀から続く経済学の歴史のなかでもケインズの存在は大きな光を放っている。

ケインズは，1883年に経済学者のジョン・ネヴィル・ケインズ（Keynes, John Neville 1852-1949）の子として生まれ，ケンブリッジ大学で数学を専攻したのちに，インド省に勤務した。インド省の勤務は2年ほどの短期間であったが，ケンブリッジ大学に研究員として戻った後も，1919年のパリ講和会議に英国大蔵省主席代表として参加し，1944年に第2次世界大戦後の国際金融制度を論じるブレトンウッズ連合国国際会議に英国代表として参加するなど実務家として活躍すると共に，その経験を踏まえた政策提言を活発に行いつづけた。

また，的確な時事評論にとどまらず，ケインズはそのプライベートにおいても当時のジャーナリズムの寵児であった。当時アイドル的な存在であったバレエ・ダンサーのロポコワ（Лидия Васильевна Лопухова, 1892-1981）と不倫の末に結婚したことで有名であるが，それ以外にも多くの真偽不明のゴシップが残されている。さらに，投資家としても名をはせ，世界大恐慌でその財産の大半を失った後も着実に資産を増やしていったといわれる。

世界的な経済学者であり，有能な経済官僚であり，手厳しい評論家であり，有能な投資家——そして社交界の問題児。ケインズは経済学の難しさとして，「優れた経済学者であるためにはいくつかのまったく異なる才能を合わせもたなければならず，1人にして数学者であり，歴史家であり，政治家であり，哲学者でもなければならない」と言及したとされる。まさにいくつもの顔をもち，そしてそのいずれにおいても一流の業績をあげたケインズは，理想の経済学者なのかもしれない。

● 注

1) イギリスを100とした場合の主要国GNPは次のとおりである。

	1853年	1865年	1880年	1890年	1900年	1910年
英	100	100	100	100	100	100
独	53.5	56.3	55.1	58.4	64.4	70.5
米	83.7	84.4	88.6	95.5	102.9	121.5
仏	67.6	72.7	71.5	65.7	70.9	74.6

(Levy-Leboyer et Bourguignon, 1986: 71)

また，鋼鉄の生産高は次のとおりである（単位は100万トン）。

	英	独	米	仏
1870年	220	130	40	80
1890年	3580	2100	4280	670
1913年	7660	17320	31300	4610

(Lesourd, Gerard et Taha, 1992: 149)

2)「『最適者生存』(survival of the fittest)」という言葉には注意が必要である。マーシャルによれば，淘汰が人間生活にとって良いものだけを残すとは限らない。淘汰の結果が周囲に有害な影響を及ぼすこともあり，生存競争は，高度に有益な有機体を存続させないこともあるとも彼はいう。また彼は，利他的行為の根拠を進化論に求める。なぜなら，他人のために自らを犠牲にする人間の種族が最終的に生き残るように生存競争は作用すると彼は考えるからである（マーシャル，1985：② 161）。

3) 一企業が内部節約によって収穫逓増（費用逓減）を続けると，他の企業を淘汰し続け，最終的にはその企業が産業全体の供給を独占し，競争は消滅するはずである。つまり産業の収穫逓増の仮定は競争的市場と両立しないはずである。後に P. スラッファがこの理論的難点を突き，収穫不変を前提する古典派を復位させる理論（ネオ・リカーディアン）を打ち立てる（菱山，1990：21-38）。
4) ただし，2015 年現在，日本の国民経済計算は 93SNA のシステムに基づいて集計されている。
5) ちなみに，SNA 体系が整備された当初は，国外で活動する主体が少なかったため，GNP（国民総生産，Gross National Product）という指標が用いられることが多かった。GNP は「当該年に，その国の国民が新に産み出された付加価値の総額」をあらわす。
6) 農家の自家消費，自己所有住宅への居住などの例外がある。詳しくはマクロ経済学のテキストを参照のこと。
7) 一方で，価格硬直性よりも IS-LM モデルまたは 45 度線モデルによって決定される財市場での生産量（と技術）から，雇用量が定まってしまっているために第 2 公準が満たされないとの解釈もある。後述のフィリップス曲線の発見により，価格硬直性に注目した解釈が主流となった。

● 参考文献

Keynes, John Maynard（1923）*A Tract on Monetary Reform*, Cambridge.（山形浩生訳〔2014〕『お金の改革論』講談社学術文庫）

Keynes, John Maynard（1936）*The General Theory of Employment, Interest and Money*, Macmillan.（山形浩生訳〔2012〕『雇用，利子，お金の一般理論』講談社学術文庫）

Lesourd, J. A., Gerard, C., et Taha, G.（1992），*Nouvelle histoire économique*, t. 1. Paris, Armand Colin.

Levy-Leboyer, M. etBourguignon, F.（1986），*L' économie française au XIXe siècle Analyse macro-économique*, Economica.

飯田泰之・中里透（2008）『コンパクトマクロ経済学』新世社

金子光一（2005）『社会福祉のあゆみ』有斐閣

菱山泉（1990）『ケネーからスラッファへ』名古屋大学出版会

マーシャル，A. 著，永澤越郎訳（1985）『経済学原理』1-4，岩波ブックサービスセンター

マーシャル，A. 著，永澤越郎訳（1991）『経済論文集』岩波ブックサービスセンター

吉川洋（2000）『現代マクロ経済学』創文社

年表

西暦	主要文献	世界史
1600		1600 イギリス,東インド会社設立 1602 オランダ,東インド会社設立 1604 フランス,東インド会社設立
	1615 モンクレティアン『経済学概論』 1621 マン『東インド貿易論』	1618 三十年戦争(～48) 1628 イギリス,権利の請願 1642 イギリス,ピューリタン革命(～49) 1648 ウェストファリア条約
1650		1651 イギリス,航海法 1660 イギリス,王政復古
	1662 ペティ『租税貢納論』 1664 マン『外国貿易による英国の財宝』	1673 イギリス,審査法制定 1679 イギリス,人身保護法制定 1685 フランス,ナントの勅令廃止 1688 イギリス,名誉革命 1689 イギリス,権利の章典
	1690 ペティ『政治算術』 1690 ロック『統治二論』	
1700		1701 プロイセン王国建国 1701 スペイン継承戦争(～13)
	1704 ボアギュベール『穀物論』 1704 ボアギュベール『富,貨幣,貢納論』 1719 デフォー『ロビンソン・クルーソー』 1728 マンデヴィル『蜂の寓話』 1734 ヴォルテール『哲学書簡』	1713 ユトレヒト条約 1740 オーストリア継承戦争(～48)
1750	1752 ヒューム『政治経済論集』 1755 カンティロン『商業試論』 1756 ケネー「借地農論」 1758 ミラボー『人間の友』 1758 ケネー『経済表』 1759 スミス『道徳感情論』 1766 チュルゴー『富の生産と分配についての諸考察』 1776 スミス『国富論』 1788 カント『実践理性批判』	1756 7年戦争(～63) 1769 ワット,蒸気機関の改良 1775 アメリカ独立戦争(～83) 1776 アメリカ独立宣言

	1789	ベンサム『道徳および立法の原理序説』	1789	人権宣言
	1789	マルサス『人口論』		
			1793	ルイ16世処刑，第一回対仏大同盟
1800	1803	マルサス『人口論』（第2版）		
	1803	セー『経済学概論』		
			1806	神聖ローマ帝国消滅（962〜）
			1806	大陸封鎖令
	1807	ヘーゲル『精神現象学』	1807	プロイセン改革（〜10）
	1809	ミュラー『国家学綱要』		
			1814	ウィーン会議（〜15）
			1815	ワーテルローの戦い
	1817	リカードウ『経済学および課税の原理』		
	1819	シスモンディ『経済学新原理』		
	1821	J. ミル『経済学要綱』		
	1821	ヘーゲル『法哲学綱要』		
	1823	リカードウ『経済学および課税の原理』（第3版）	1823	モンロー宣言
			1834	ドイツ関税同盟発足
			1840	アヘン戦争（〜42）
	1841	リスト『政治経済学の国民的体系』		
	1841	フォイエルバッハ『キリスト教の本質』		
	1843	ロッシャー『歴史的方法による国家経済学要綱』		
	1845	マルクス・エンゲルス共著『ドイツ・イデオロギー』		
			1846	穀物法廃止
	1848	J. S. ミル『経済学原理』	1848	フランス2月革命
	1848	マルクス・エンゲルス共著『共産党宣言』		
1850	1853	クニース『歴史的方法の観点による政治経済学』	1853	クリミア戦争（〜56）
	1859	J. S. ミル『自由論』	1853	ペリー，浦賀に来航
			1870	プロイセン＝フランス（普仏）戦争（〜71）
	1871	メンガー『国民経済学原理』	1871	ドイツ帝国成立（〜1918）
	1871	ジェヴォンズ『経済学の理論』		
	1871	ブレンターノ『現代の労働者ギルド』（〜72）		
	1874	ワルラス『純粋経済学要論』（〜77）		
			1888	ドイツ，ヴィルヘルム2世即位（〜1918）
	1890	マーシャル『経済学原理』		
1900	1900	シュモラー『一般国民経済学要綱』（〜04）	1900	義和団事件（〜01）

	1902	ゾンバルト『近代資本主義』	1902	日英同盟
	1904	ヴェーバー「プロテスタンティズムの倫理と資本主義の精神」（～05）	1904	日露戦争（～05）
	1904	ヴェブレン『営利企業の理論』		
	1908	シュンペーター『理論経済学の本質と主要内容』		
	1911	シュモラー「国民経済，国民経済学および方法」		
	1912	シュンペーター『経済発展の理論』	1912	中華民国成立
			1914	サライェヴォ事件，第1次世界大戦勃発
			1917	ロシア革命
	1919	ケインズ『平和の経済的帰結』	1919	パリ講和会議，ヴェルサイユ条約調印
			1920	国際連盟成立
	1925	スラッファ「生産費と生産量の関係について」		
			1929	世界恐慌
	1930	ケインズ『貨幣論』		
	1933	ロビンソン『不完全競争の経済学』	1933	ドイツ，ナチス政権樹立
	1933	チェンバリン『独占的競争の理論』	1933	日本，国際連盟を脱退
	1936	ケインズ『雇用・利子および貨幣の一般理論』		
			1937	日中戦争勃発
	1939	ヒックス『価値と資本』	1939	独ソ不可侵条約
			1939	第2次世界大戦開戦
			1940	日独伊三国軍事同盟
			1941	ハワイ真珠湾奇襲（太平洋戦争開始）
	1944	ハイエク『隷従への道』		
			1945	ポツダム宣言受諾
			1945	国際連合成立
	1947	サミュエルソン『経済分析の基礎』		
	1948	サミュエルソン『経済学』		
			1949	中華人民共和国成立
1950			1950	朝鮮戦争
			1951	サンフランシスコ平和条約調印
	1954	シュンペーター『経済分析の歴史』		
			1956	スエズ戦争
	1958	ガルブレイス『ゆたかな社会』		
	1960	ハイエク『自由の条件』		
	1962	フリードマン『資本主義と自由』	1962	キューバ危機
			1963	ケネディ，暗殺
	1965	ヒックス『経済史の理論』	1965	ヴェトナム戦争（～75）
			1973	石油危機
	1980	フリードマン『選択の自由』	1980	イラン＝イラク戦争

事項索引

あ行

IS曲線　171
IS-LMモデル　171
悪徳　47
安楽水準　164, 165
一般均衡　155
一般均衡理論　129, 147, 149
一般的過剰生産　53
一般理論経済学　132
インフレーション・ターゲット　188
上からの工業化　103
英仏自由貿易条約　137
営利原理　120
エッジワース・ボックス　148
エリザベス救貧法　49
LM曲線　172
エンクロージャー　6, 49
応用経済学研究　145

か行

外部経済　160
価格革命　2
科学的社会主義　154
過少消費説　60
貨幣錯覚説　187
管理経済　105
機械的数量説　17
議会的重商主義　7
企業者　14
技術的分業　37
義人同盟　77
帰納的方法　116

キャラコ　6
救貧行政　49
恐慌　81, 145
　——の可能性　95
共産主義者同盟　77
協同組合　144, 146, 153, 155
金本位制　137
金融資本　104
グレート・ビクトリア　79
経済学原理　62, 157
経済学の原理　138
経済成長　165, 166
経済表　9, 13, 22, 25
ケインズ型消費関数　169, 180
限界革命　129
限界効用　129, 139-141, 155
限界効用均等化法則　133, 141, 142, 150
限界効用逓減法則　133
原前払い　39
原表　22, 25, 26
権利の宣言　7
航海条例　137
交換の利益　141, 142, 150
後期重商主義　7
公教育　42
恒常所得仮説　180
工場法　93
高賃金の経済　118
後発の利益　103
功利主義　61, 142
　——思想　66
合理的期待仮説　189
国内総生産　167
国民経済学原理　132

国民経済計算（SNA）　166
国民所得　163, 164, 165
穀物法　137, 138, 164
　　——論争　56
国有化　143
固定資本　39
古典派　129, 193
　　——の第1公準　181
　　——の第2公準　181
個別的貿易差額　4, 6
『雇用・利子及び貨幣に関する一般理論』　168
コルベルティスム　5
困窮　47

さ行

最大多数の最大幸福　142, 155
最適者生存　192
差額地代　162
　　——論　58
三階級三分配論　57
三月革命　109
産業合理化　106
産業循環　81
産業予備軍　51
地金論争　56
自己疎外　75
市場価格　42
自然価格　42
自然状態　11
自然的自由のシステム　41
自然法　30
自然率　42
失業　145, 158, 163
実物的景気循環（RBC）　190
GDP　167
私的所有　74

資本　39, 90
　　——と資金労働　89
　　——の有機的構成　95
資本一般　84
資本主義　120
　　——の精神　124
資本主義的生産様式　81
市民社会　77
社会経済学研究　145
社会主義　136
社会主義者　146
社会政策学会　104
社会的剰余　90
社会的諸関係の総体　76
社会的分業　38
社会問題　145, 146, 151, 157, 158
収穫一定　160, 193
収穫逓減　160, 161
収穫逓増　160, 193
重金主義　4
自由主義　137
重商主義思想　24
重商主義政策　23
重農学派　21, 30
重農主義　21
自由の国　93
自由貿易　158, 164
自由放任　142, 146, 151, 158
手工業　120
取得法則の転変　92
需要充足の原理　120
純粋経済学要論　144
準地代　162
順なる貿易差額　4, 8, 17
使用価値と価値　95
商業社会　6
乗数効果　169
商品　95

剰余価値　90
情欲　46
進化　158
人格的依存関係　91
新結合　126
人権宣言　147
新古典派　168, 171
　──的成長モデル　190
新マルサス主義　51
信用創造　126
新ライン新聞　79
ストック　39
ストライキ　144, 152, 153
スミスの自然価格論　6, 42
生活基準　165
正義　37, 41
生産的労働者　38
生産論　63
青年ヘーゲル派　70
政府のアジェンダ　42
政府のノンアジェンダ　43
世界恐慌　106
積極的制限　47
絶対主義　2
　──的重商主義　7
絶対的剰余価値の生産　90
節約　53
　──の本能　40
セーの法則　168
前期重商主義　7
全般的貿易差額　4
相対的過剰人口　51
相対的剰余価値の生産　90
総力戦　105
疎外された労働　73
疎外論　75
組織　160
租税原則論　44

租税廃止論　144, 146, 147, 152, 154, 155

た行

代替の法則　159, 160
蓄蔵貨幣　95
地代論　57
中心価格　42
賃金基金説　51, 64
賃金と利潤の相反関係論　58
賃金論　58
ドイツ関税同盟　103
ドイツ・マンチェスター派　114
投下労働価値説　57
道徳的抑制　51
道徳哲学　35
独仏年誌　71
特別剰余価値　90
土地国有化　144, 146, 147, 152, 154
取引需要　173

な行

内在価値　14
内部経済　160
2月革命　78
ニューケインジアン　189
人間的解放　72
人間的社会　77
年前払い　39
能率賃金　163

は行

パクス・ブリタニカ　79
パリ・コミューン　86
パレート最適　150
範式　22, 28

販路説（セー法則）　52, 59
東インド会社　3
東インド・カレッジ　45
非自発的失業　182
必然性の国　93
費用逓減　160, 193
費用逓増　160
平等社会　48
貧困　145, 151, 158
フィリップス曲線　185
複合的準地代　162
不生産的消費者　54
不生産的労働者　38
2つの公準　46
物価＝正金移動機構　17, 18
物象化論　75
物象的依存関係　91
フランス革命　147
ブルジョア的権利　87
分業　37
分業社会　38
分配論　64
ヘーゲル左派　70
ポスト・ケインジアン　178
ポトシ　2
ポピュレーショニズム　46

ま行

マネタリスト　178
みえざる手　41
名目GDPターゲット　188

名誉革命　7

や行

唯物史観の定式　80
有機的成長　159
有効需要　15, 42, 55
　――の原理　169
予備的需要　173
予防的制限　47, 50
45度線モデル　169

ら行

ライン新聞　70
利潤率の傾向的低下の法則　95
利潤率の低下法則　59
利子率のゼロ制約　176
理念型　123
流動資本　39
流動性選好説　173
流動性の罠　176
類似性の法則　112
類的存在　72
歴史的方法　107
連続的影響説　18
労働組合　143
労働時間　136, 143, 152, 164
労働の形式的包摂　91
労働の実質的包摂　91
労働力の価値　90
論理学体系　62

人名索引

あ行

ヴィーザー，F. 155
ヴェーバー，M. 122
エッジワース，F. Y. 148
エンゲルス，F. 97

か行

カーン，R. 169
カンティロン，R. 12, 42
クニース，K. 111
ケインズ，J. M. 60, 168
ケネー，F. 21, 30, 46, 52
ゴドウィン，W. 45, 48
コルベール，J. B. 5, 23
コンドルセ 45

さ行

ザスーリッチ，V. I. 88
ジェヴォンズ，W. S. 129, 130, 136-138, 141-143, 148, 150, 155
シュモラー，G. 113
シュンペーター，J. A. 125
スミス，A. 1, 32, 35
スラッファ，P. 193
セー，J.-B. 168
ソロー，R. M. 190
ゾンバルト，W. 119

た行

ダーウィン，C. R. 158

は行

ハイエク，F. A. 136
パレート，V. 144
ピグー，A. C. 157
ヒックス，J. R. 149, 171
ヒューム，D. 8, 15
ヒルデブラント，B. 109
フィリップス，A. W. H. 184
ブラン，ルイ 146
フリードマン，ミルトン 178
プリンス - スミス，J. 114
ブレース，F. 51
ブレンターノ，L. 117
ペティ，W. 9, 46, 52
ベンサム，J. 142, 155

ま行

マーシャル，A. 129, 130, 157-159, 162, 192
マルクス，K. 69
マルサス，T. R. 32, 44, 56, 60
マン，T. 3
ミル，J. 61
ミル，J. S. 51, 61, 138, 141, 157
ミラボー，M. 21, 30
メンガー，C. 129-131, 133-135, 141, 155

ら行

リカードウ，D. 55, 162
リスト，F. 7, 102

ルイ・ナポレオン　146
ルーカス，R. E. Jr.　188
ロック，J.　11
ロッシャー，W.　107

わ行

ワルラス，L.　129, 130, 136, 144, 145, 147, 150, 155

〈編者略歴〉

長峰　章（ながみね　あきら）

現　職　明治大学政治経済学部教授
　　　　1949年生まれ
　　　　1972年3月明治大学政治経済学部卒業
　　　　同大学院を経て，2009年同大学政治経済学部教授となり，現在に至る。
専門分野　経済学史
主要著書・論文
『経済思想の源流』（共著）八千代出版，2008年
「ジェイムズ・ミルとD.リカードウ」（明治大学『政経論叢』第77巻　第1・2号）2008年
　　　　　　　　　　　　　　　　　　　　　　他多数

経済思想―その歴史的視点から―

2015年4月10日　第1版第1刷発行
2017年1月30日　第1版第3刷発行

　　　　　　　　　　　　　　　　編著者　長峰　章

発行者　田中千津子　　〒153-0064　東京都目黒区下目黒3-6-1
　　　　　　　　　　　電話　03(3715)1501(代)
発行所　株式会社 学文社　FAX　03(3715)2012
　　　　　　　　　　　http://www.gakubunsha.com

©2015 NAGAMINE Akira Printed in Japan　　印刷　新灯印刷
乱丁・落丁の場合は本社でお取替えします。
定価は売上カード，表紙に表示。

ISBN978-4-7620-2541-9